ÉTUDES ET ESSAIS SUR LA RENAISSANCE

11

« En sens agile »

Cet ouvrage a été publié pour la première fois en 1995 dans la collection *Études et essais sur la Renaissance* dirigée par Claude Blum.

André Tournon

« En sens agile »

Les acrobaties de l'esprit selon Rabelais

PARIS
CLASSIQUES GARNIER

André Tournon, professeur émérite à l'université de Provence, a renouvelé l'interprétation et l'édition de Michel de Montaigne. Il a éclairé les fictions ludiques (François Rabelais) et la poésie de la Renaissance (Clément Marot, Maurice Scève, Agrippa d'Aubigné) dans leurs aspects les plus paradoxaux. Il a élargi son champ d'investigation à d'autres périodes, de Chrétien de Troyes à Gérard de Nerval.

Réimpression de l'édition de Paris, 1995.

ISBN 978-2-406-14440-3 (livre broché)
ISBN 978-2-8124-5201-7 (livre relié)
ISSN 2105-8814

MERCI

à Nicole Chuisano et à Simone Perrier
qui m'ont incité à entreprendre cet ouvrage,

à Claude Blum
qui l'a matérialisé,

à Maryse Tournon et à Jean-Raymond Fanlo
qui l'ont passé au crible,

aux étudiants et étudiantes d'Aix-Marseille
avec qui il fallait tenter de comprendre Rabelais.

I. PRÉAMBULE :

la règle du jeu - fariboles, indices et repères.

"... Rien ne nous être exposé, rien aussi ne nous être celé : seulement nous être donné signification et indice..." Rabelais traduit avec une précision remarquable la formule d'Héraclite sur l'oracle de Delphes ; mais il l'applique aux songes, c'est-à-dire à une sorte de révélation aussi suspecte que prestigieuse, où peuvent intervenir les anges, les démons et les vapeurs humorales sans que l'on sache exactement sur quels critères départager leurs diverses influences[1]. Grâce à ce changement d'objet, la parole du plus énigmatique des sages situe entre ténèbres et lumière des signes qui participent eux-mêmes du mensonge et de la vérité. Ainsi est ouverte une zone d'investigations où le sens se cherche par trajets instantanés d'un pôle à l'autre, par contrastes d'éclairages et grands pans d'ombres portées, seule étant exclue la grisaille. Nos parcours devront

---

[1] *Tiers Livre*, Droz (Textes littéraires français), 1964, p. 100 (sauf exceptions signalées, le texte de Rabelais sera cité conformément à cette édition, mais en orthographe modernisée). — Sur le statut des visions oniriques, voir *Le songe à la Renaissance,* rec. F. Charpentier, RHR, publ. de l'Université de Saint-Etienne, 1990 — notamment l'article de S. Perrier,"La problématique du songe à la Renaissance : la norme et les marges", p. 13-19. — Rabelais emprunte la citation à Plutarque, *Pourquoi la Pythie ne rend plus les oracles en vers*, XXI, et en conserve le contexte, qui notait l'altération du message oraculaire et sa formulation en énigme, quitte à insister sur son origine divine. On verra plus loin comment il exploite cette ambiguïté. Quant à sa traduction, elle dédouble le verbe σημαινεῖν de manière à lui faire dénoter la"signification" (d'un énoncé) et l'"indice" (le signe d'une décision du dieu), conformément à ses deux acceptions.

l'explorer sans en atténuer les irrégularités ni les surprises, en les accusant plutôt, quitte à risquer la perplexité, toujours préférable aux solutions réductrices.

C'est là un pari de lecteur, avouons-le, et aucune citation ne saurait le justifier à elle seule ; il serait d'ailleurs assez naïf d'attendre de Rabelais, même sous le masque d'Héraclite, des instructions sans équivoque qui définiraient quelque mystère clairement identifiable, et fourniraient le code de son déchiffrement. Légitime en revanche est la demande d'indices de lecture propres à cautionner l'exégèse et à diminuer ses risques d'extravagance. Quelques-uns seront relevés ici en préambule, sur échantillons, et analysés pour leur intérêt propre et pour les enseignements réutilisables à plus grande échelle qu'ils pourront apporter. D'autres apparaîtront en cours d'enquête, selon les difficultés rencontrées. D'autres enfin ne se profileront qu'aux derniers détours de l'itinéraire, pour en justifier l'inachèvement.

Mais avant de commencer, quelques mots sur le trop célèbre prologue du *Gargantua*, pierre angulaire ou pierre d'achoppement des études rabelaisiennes. Un article décisif d'Edwin Duval[2] a mis un terme aux controverses sur son orientation générale, en montrant que la comparaison du mode de lecture proposé avec l'exégèse traditionnelle d'Homère, loin de discréditer la recherche de significations secondes, l'accrédite en lui donnant pour caution herméneutique les mystères de l'inspiration, et pour caution morale la *benevolentia* prescrite par la paraphrase érasmienne du Sermon sur la montagne. Il convient cependant d'ajouter qu'en insistant sur le rôle du vin, comme agent de l'enthousiasme dionysiaque et principe d'échange convivial avec son lecteur, Rabelais interdit de négliger la part d'ivresse qui entre dans les fictions poétiques de l'aède ou du conteur comme dans l'adhésion qu'elles requièrent,

[2] " Interpretation and the 'Doctrine absconce' of Rabelais's Prologue to *Gargantua*", *Etudes Rabelaisiennes* XVIII, Droz 1985, p. 1-17.

et en préserve le caractère ludique, de déraison agréée, contre tout effort d'assujettissement aux normes du bon sens. Reste donc à interroger, en toute confiance, les "belles billevesées" d'Alcofrybas, mais comme telles, sans les réduire de force aux bribes de sermons ou de leçons qui par endroits les émaillent, et donnent aux commentateurs graves l'illusion de se retrouver en terrain connu, loin des pièges de la fantaisie et du boniment. Et c'est là que le problème se complique : quels repères, quelles méthodes adopter, une fois récusé l'esprit de sérieux ? faudra-t-il déraisonner à dessein, sous peine de disqualification ? Le seul recours sera cherché ici dans les modèles d'interprétation eux-mêmes ludiques fournis ou suggérés par le romancier. Ils ne manquent pas, comme on sait ; toute la difficulté est de distinguer en eux la règle du jeu qu'ils mettent en oeuvre, afin de les comprendre pleinement, jusque dans leurs aberrations.

*

* *

Comme pour marquer à la fois l'importance et le caractère facétieux de son ultime avis, Rabelais, peu avant la fin du *Quart Livre*, prend un instant le rôle de partenaire actif de Pantagruel, qu'il avait assumé une seule fois lors de sa mémorable exploration de la bouche du géant, puis avait quitté pour ne plus être que narrateur, commentateur, au mieux témoin oculaire de ses aventures. La séquence s'inscrit dans l'épisode bien connu des Paroles Gelées, où Michel Jeanneret a reconnu à juste titre une célébration de la parole vive, polysémique, sans cesse réinventée par la méditation ou le dialogue, en réplique aux lettres mortes vénérées par les Papimanes[3]. Après avoir pris "du

---

[3] "Les paroles dégelées", *Littérature* n° 17 (Février 1975) repris dans *Le défi des signes*, Paradigme, Orléans, 1994. Voir aussi, pour une interprétation un peu différente de l'épisode (notamment en ce qui a trait au rôle des compagnons de Pantagruel),"De l'interprétation *des mots de gueule*",

passetemps", comme ses compagnons, à jouer avec les dragées verbales et à percevoir les bruits inarticulés en lesquels elles se résorbent, loin des révélations prestigieuses qu'attendait Pantagruel comme des menaces que redoutait Panurge, le narrateur esquisse un geste de collectionneur...

> Je voulais quelques mots de gueule mettre en réserve dedans de l'huile, comme l'on garde la neige et la glace, et entre du feurre bien net. Mais Pantagruel ne le voulut, disant être folie faire réserve de ce dont jamais l'on n'a faute et que tous jours on a en main, comme sont mots de gueule entre tous bons et joyeux Pantagruélistes.

Au premier abord, rien de bien neuf : Rabelais n'est pas le premier à rappeler que le lieu propre des mots n'est pas le *Thesaurus*, ou la Bibliothèque de Saint-Victor, mais la communication spontanée entre les vivants. Apparaît cependant une idée moins commune, dans la répétition insistante de l'expression que privilégiait déjà le titre du chapitre : "Comment, entre les paroles gelées, Pantagruel trouva des *mots de gueule*". Le terme appartient sans doute à la série dérivée de la locution "mots dorés" pour teinter les paroles gelées des couleurs héraldiques, de sinople (vert), d'azur (bleu), de sable (noir), de gueules (rouge). Mais il désigne aussi, en son acception usuelle, une catégorie de vocables familière au lecteur du *Pantagruel*, celle des quolibets[4], des injures cordiales que Frère Jan assène en kyrielle à son ami Panurge — "couillon flétri, couillon moisi,

---

Hommage à Francois Meyer, Publ. de l'Université de Provence, 1983 (article dont procèdent en partie les présentes pages). -- Le texte de Rabelais (*Quart Livre* ch. 56) est cité ici d'après l'éd. R. Marichal, Droz 1947, p. 228-230.

[4] Cf. Calvin, *Institution Chrétienne*, 12 :"Ils plaisantent en se moquant de Dieu, mesme ils font gloire de brocarder et dire mots de gueule pour abaisser sa vertu" (cité par Littré, qui donne pour définition :"Des mots trop libres, paroles déshonnêtes, qui se disent parfois dans les repas abondants et joyeux" ; mais la connotation alimentaire ne paraît pas essentielle dans l'ancienne langue : appliqué péjorativement à une personne, le mot"gueule" désigne plutôt l'organe de la parole).

couillon roui..." — ou dont l'écrivain saluait d'emblée ses lecteurs, "Vérolés très précieux...". Mikhaïl Bakhtine y a reconnu un aspect caractéristique du "vocabulaire de la place publique" et du carnaval, qui "couronne et détrône à la fois" le destinataire[5]. Rien de plus exact. Mais Pantagruel et ses compagnons échangent bien d'autres paroles, moins provocantes ; et même, à partir du *Tiers Livre*, le géant serait plutôt spécialisé dans les "mots dorés". Pourquoi faire des "mots de gueule" le type des rapports verbaux "entre tous bons et joyeux Pantagruélistes" ?

"Couillonnas au diable, Panurge, mon ami", gueule Frère Jan. L'invective est cordiale ; autrement dit, le mot signifie le mépris et exprime l'affection : il doit être interprété "au rebours" de son acception usuelle, pour peu que celle-ci soit désobligeante. C'est la loi non écrite de la fraternité pantagruélique : dans la confiance mutuelle et la gaîté on peut se dire n'importe quoi, puisque toute parole incongrue sera immédiatement interprétée "en la perfectissime partie" et, au besoin, retournée pour dénoter l'intention amicale, toujours présupposée. Tel est le double postulat de la convivialité langagière : la vérité ne tombe pas du ciel des Idées, elle réside dans l'échange des paroles et la communion des pensées ; mais cette dernière ne procède pas des vocables, elle leur préexiste, les fonde et les régit, jusqu'à démentir, s'il le faut, leur sens littéral.

Ainsi peut-on exploiter sans crainte les ressources de la polysémie, et l'on ne s'en fait pas faute. D'où un second miracle : les paroles gelées deviennent instrument de jeu et de plaisir, miroitant des "diverses couleurs" de la rhétorique facétieuse ; autrement dit, les compagnons jouent avec les mots :

> Panurge requit Pantagruel lui en donner encore. Pantagruel lui répondit que donner paroles était acte des

---

[5] *L'oeuvre de F. Rabelais et la culture populaire au Moyen Age et sous la Renaisance*, Gallimard 1970 (Bibl. des Idées), p. 167-168.

> amoureux. "Vendez m'en donc" disait Panurge. "C'est acte d'avocats, répondit Pantagruel, vendre paroles... "

— Equivoques sur "donner" et "vendre", comme plus loin sur les "paroles bien piquantes" ou "sanglantes" ; jeu aussi des sonorités chaotiques, comme dans la *Bataille de Marignan* de Janequin : c'est là le vrai dégel, qui assigne aux vocables comme aux sons leur fluidité docile, pour que rien n'entrave la communication.

Ces plaisanteries vont loin. Car si burlesque que soit leur voyage, ou leurs propos, Pantagruel et ses amis sont en quête d'une vérité. Panurge le rappelle, après un dernier simulacre de querelle (toujours par calembours) avec Frère Jan, qui l'a traité une fois de plus de futur cocu : il "lui fit la babou, en signe de dérision. Puis s'écria, disant : Plût à Dieu qu'ici, sans plus avant procéder, j'eusse le mot de la dive Bouteille". C'est le dernier mot du chapitre, et la dernière allusion, dans le *Quart Livre*, à l'objet de l'expédition : un oracle qui, si le *Cinquième Livre* n'est pas entièrement apocryphe, prononcera plus tard sa "syllabe panomphée", *Trinch*, onomatopée de verres entrechoqués où, dans l'ivresse de la "glose" dionysiaque, chacun trouvera la vérité qui lui est propre, mariage pour Panurge, célibat gaillard pour Frère Jan. Il suffit que soit évoquée la perspective encore lointaine de cette révélation pour que l'on retrouve, dans la fantaisie même et non pas au-dessus, les perspectives ouvertes au chapitre précédent par les spéculations de Pantagruel sur l'origine des paroles gelées, arrière-monde néo-platonicien, mémoire des sages ou incantations homériques et orphiques. Car s'il est vrai que de telles hypothèses sont contredites par les explications du pilote et surtout par le surgissement spontané de la parole ludique, selon les derniers propos du même Pantagruel, leurs résonances poétiques, comme le faisait observer Guy

Gueudet[6], ne sont pas assujetties au principe de contradiction. Emanations du Logos ou de ses interprètes dans le murmure du monde, échos de combats mythiques, mots de gueule, oracle de Bacbuc, l'essentiel est que tout dégèle, au lieu de rester figé en formules à conserver et à répéter dévotement. Même les textes sacrés doivent être médités et travaillés pour que se réinvente à chaque instant leur signification :

> Cy entrez, vous, qui le Saint Evangile
> En sens agile annoncez, quoi qu'on gronde...

— *En sens agile* : non pas "inlassablement" ou "subtilement", comme on traduit parfois, mais selon les souples inflexions du sens, de l'Esprit qui anime la lettre de son mouvement vivant. De cette exigence de la spiritualité des évangéliques[7], les dialogues de Rabelais sont une image moins caricaturale qu'il ne semble, puisque transparaît toujours en eux l'*agapè,* l'amitié fraternelle qui unit les compagnons de Pantagruel.

Mais cet aspect de la question ne pourra être examiné que plus tard. Nous en sommes à la règle du jeu : à la sémiotique particulière des "mots de gueule". Pour que l'injure exprime l'amitié, il faut et il suffit qu'un sourire, une intonation, un geste viennent démentir sa signification littérale. L'énoncé se double ainsi d'un discret commentaire, dont la formulation est toujours possible au prix d'une contradiction : "couillonnas au diable, mon ami...". L'intention, cependant, si cordiale qu'elle soit, n'oblitère pas tout à fait l'incongruité : le mot de gueule subsiste,

---

6 Au cours d'une amicale discussion par lettres, en 1985, qui me conduit à corriger sur ce point l'article des *Mélanges Meyer* -- et à rendre hommage à cet excellent seiziémiste prématurément disparu.

7 Cf. par exemple les pages d'Erasme, dans l'*Enchiridion*, c. 5, sur le rôle de l'"esprit" dans la lecture des textes sacrés, éd. Laffont (Blum, Godin, Margolin, Ménager), coll."Bouquins", p. 573-574.

comme révélateur d'un présupposé plus fort qu'aucune déclaration explicite : quoi que je puisse te dire, ou dire de toi, il reste entendu que nous sommes compagnons ; et si quelque imbécile va s'y méprendre, bren pour lui ! il est notre dupe à tous deux. Cette convention qui autorise l'équivoque ou l'antiphrase porte sens, et il faut la prendre en compte pour que le message soit reçu intégralement.

Tout cela est évident, tant qu'il s'agit des communications orales de la vie courante ; mais qu'en est-il des écrits, où n'interviennent pas les moyens d'information subsidiaires, intonation ou mimique ? Pour assurer leur lisibilité, il est nécessaire que le texte soit stratifié, de manière à fournir, en plus des messages, le mode de déchiffrement de leurs ambiguïtés ; qu'à son discours se superpose par endroits un discours second, en une sorte de métalangage. Rabelais ne s'en fait pas faute : à la narration il adjoint les commentaires des personnages, ceux du narrateur-personnage, du narrateur-auteur lui-même dédoublé au départ en Alcofrybas et Rabelais ; et les épisodes emblématiques — celui des Paroles Gelées en est un — parfois imbriqués en abyme, comme l'histoire de Villon et Tappecoue racontée par le seigneur de Basché, lui-même héros d'un récit de Panurge, le tout pour définir le sens des raclées administrée aux Chicanous[8] A cela s'ajoutent les marques discrètes éparses dans le texte — titres de chapitres, allusions, citations fidèles ou déformées — et les effets obtenus par le découpage et l'agencement des épisodes. Proliférant à ce point, l'auto-exégèse

8 *Quart Livre*, ch. XII à XVI : entre deux volées de coups de poings, Basché, festoyant avec ses amis et leur prodiguant des cadeaux (XIII, p. 82 et 85) raconte comment Tappecoue est mis en pièces dans un charivari pour n'avoir pas voulu prêter des ornements sacerdotaux aux comédiens de la Passion ; ainsi est indiqué ce qui attire les coups sur les Chicanous : ils sont les agents et les symboles de la loi d'une société mercantile qui ignore le don et la fête. Pour plus de précisions sur cet épisode, et sur les réserves formulées par Epistémon et Pantagruel (ch. XVI), voir l'article"Jeux de massacre : la'tragique farce' du seigneur de Basché", à paraître dans les actes du colloque *Dionysos* (Montpellier, 1993).

ne saurait se restreindre à sa fonction première, d'instaurer dans l'écrit un équivalent logique des mines, sourires ou changements d'intonations du conteur de veillées. Elle crée les conditions d'un mode d'expression insolite où les bouffonneries, les sophismes, les erreurs même et les mensonges deviennent producteurs ou indices de vérités.

Aussi convient-il de généraliser et d'étendre à l'ensemble de l'œuvre, à titre d'hypothèse de travail, ce que fait entrevoir le mythe des Paroles Gelées. Le cas des "mots de gueule" et des calembours n'est qu'un exemple, assez simple ; à lui seul, il ne mériterait peut-être pas une telle affabulation. Mais les procédés en usage dans le traitement facétieux des vocables se retrouvent à l'échelle du discours et du récit pour faire dévier le trajet verbal vers des parages insolites : paradoxes, outrances et sornettes entrent en composition avec les plus sûrs repères philosophiques ou religieux de manière à réaliser toutes les combinaisons possibles du plausible et de l'aberrant. Autant d'illustration des pouvoirs de métamorphose de la parole ludique, opposée aux formules où se fige et se sclérose la pensée. En 1552[9], l'intention est claire. Aux sentences péremptoires des "papelars et faux prophètes", on ne répliquera pas directement par des arguments du même type : ce serait se perdre dans le tumulte des combats que se livrent les Néphélibates et Arismapiens autour des gisements d'or. Mieux

---

[9] Sur les circonstances historiques, voir V.-L. Saulnier,"Le silence de Rabelais et le mythe des Paroles gelées", dans *François Rabelais. Ouvrage pour le quatrième centenaire de sa mort*, Travaux d'Humanisme et Renaissance, Droz 1953, p. 241. En butte aux attaques symétriques de Calvin et du"sorbonnagre" G. de Puy-Herbault, dans un climat de persécutions, Rabelais pouvait mieux que jamais mesurer les ravages du fanatisme doctrinal, et découvrir, selon V.-L. Saulnier, que"le mal vient du principe même de la prédication ; car publier ses idées, c'est toujours plus ou moins tomber dans le pire méfait, qui est de contraindre l'esprit des autres" (p. 246). -- Invite sans contrainte, le langage facétieux contourne la difficulté ; mais il est bien"silence" pour qui chercherait des assertions dogmatiques et des normes de pensée.

vaut envoyer simplement au diable ces "démoniacles Calvins" et "enragés Putherbes" qui se disputent l'exclusivité de la prédication mais tombent d'accord pour codifier l'Evangile en règles, chacun à sa façon ; et par conséquent pour réprouver, du haut de leurs chaires, la liberté joyeuse de Rabelais. Contre ceux-là, des invectives, du mépris, ou encore le silence. Quant à ceux qui veulent entendre, tout leur sera dit, selon la promesse des prologues, mais dans ce langage de facétie qui présuppose que "jamais en mauvaise part ne prendront choses quelconques ils connaîtront sourdre de bon, franc et loyal courage". La sélection se fera d'elle-même : qui considère les "folastries" avec suspicion et prétend faire la morale aux farceurs montre d'emblée qu'il n'y comprend rien[10].

Mais il ne faudrait pas faire de ce "sens agile" une ruse simplement protectrice, appropriée à la dangereuse conjoncture du milieu du siècle. Dans le *Gargantua* déjà il anime la spiritualité des Thélémites, à l'abri de leur "refuge et bastille" ; et la fulgurante métamorphose de l'"Enigme en Prophétie" opérée par Frère Jan, au moment de l'édification de l'abbaye, illustre à la fois ses modes d'élaboration et son pouvoir régénérateur ; comme si Rabelais avait pris soin de proposer ce poème au lecteur, en concurrence avec les "Fanfreluches antidotées" dont l'étude serait ici prématurée, comme exercice d'application de l'herméneutique requise par son Prologue. Le pari était téméraire, du reste : seul Mikhaïl Bakhtine a partiellement réussi l'exercice[11], et la surprenante myopie, sur ce point, de nombre

---

[10] Cf. M.A. Screech, *Rabelais* (Gallimard 1992), p. 100 :"normalement, les considérations morales ne s'appliquent pas au monde de la farce". On ne saurait mieux dire.

[11] *Op. cit.*, ch. IV, p. 233 : dans les"énigmes" de ce genre, fréquentes à la Renaissance,"les problèmes ardus et redoutable, sérieux et importants, sont transposés sur le registre joyeux et léger, des tons mineurs aux tons majeurs. Ils ont tous un dénouement qui amène la gaîté et le soulagement. Les mystères et énigmes du monde et des temps futurs ne sont ni sombres ni redoutables, ils

d'exégètes dont le savoir et la perspicacité sont par ailleurs notoires pourrait recéler quelques enseignements. Commençons cependant par l'analyse du texte[12].

L'énigme, conformément aux lois du genre, est bâtie sur une double isotopie : les "signes des temps", à l'approche des derniers jours du monde (selon Gargantua) ; les phases d'une partie de jeu de paume (selon Frère Jan) ; mais elle n'est pas uniformément équivoque. Parmi les termes et images utilisés, en majeure partie polysémiques, certains ne vérifient que l'une des deux exégèses concurrentes. Les dix derniers vers, dans la version de 1534 comme dans celle de 1542, n'autorisent que l'interprétation eschatologique ; mais les vers 58-63, entre autres[13], ne se comprennent que par référence au jeu de paume.

---

sont joyeux". -- Il semble toutefois nécessaire de considérer le texte de plus près. L'analyse présentée ici provient d'un article sur"L'abbé de Thélème", *Saggi e Ricerche di letteratura francese*, XXVI, Bulzoni, Roma, 1987, p. 199-220.

12 *Gargantua*, ch. LVI de l'éd. R. Calder (Droz, 1970, p. 306-312). Le poème, amputé de ses deux premiers et dix derniers vers, figure en 1574 dans un recueil posthume des oeuvres de Mellin de Saint-Gelais ; ce qui a conduit la plupart des critiques à l'attribuer à ce dernier, qui pourtant ne l'avait pas revendiqué au cours des 23 années qu'il a vécues après la publication du *Gargantua*. R. Frautschi ("The *Enigme en Prophétie* and the problem of authorship", *French Studies*, 1963, p. 331) a contesté cette attribution, en montrant que le texte de 1574 correspond à la version du *Gargantua* de 1542 et non à celle de 1535 -- si bien que pour maintenir l'hypothèse de l'emprunt il faut imaginer que Rabelais aurait remanié le poème pour se l'approprier, puis aurait rétabli sa forme originelle ! M.A. Screech (éd. citée, p. 306) écarte les conclusions de Frautschi sans produire d'argument convaincant. Il semble pourtant assez plausible que l'emprunt ait été opéré en sens inverse, par l'éditeur de 1574 qui se serait autorisé d'une analogie notée par Rabelais ("Le style est de *Merlin* le Prophète", dit Frère Jan dans la version de 1542 -- c'était un surnom de Saint-Gelais) pour enrichir son recueil d'une pièce : il ne risquait pas grand'chose, 22 ans et 16 ans après la mort des deux intéressés. La question n'est d'ailleurs pas primordiale pour nous, qui avons à considérer les interprétations que Gargantua et Frère Jan donnent de ce texte, quel qu'en puisse être l'auteur.

13 "... Et à bon droit, car leur coeur, adonné / A ce combat, n'aura point pardonné / Même aux troupeaux des innocentes bêtes / Que de leurs nerfs et boyaux déshonnêtes / Il ne soit fait, non aux dieux sacrifice, / Mais aux

Croira-t-on Rabelais (ou, si l'on y tient, Mellin de Saint-Gelais) incapable de composer un poème ambigu d'un bout à l'autre ? L'hypothèse est peu plausible. Mieux vaut admettre que les deux lectures sont accréditées par le texte, mais doivent être combinées pour en rendre compte de façon exhaustive, l'une expliquant les traits qui restent inintelligibles dans l'autre. Conclusion : les explications de Gargantua et de Frère Jan sont toutes deux justes et toutes deux incomplètes ; le sens est produit par composition de leurs perspectives antagonistes.

Pour comprendre cette bizarrerie, il faut faire un pas vers la déraison. Le sage Gargantua "soupire profondément" devant l'annonce des épreuves et des luttes au terme desquelles les justes accèderont au Royaume de Dieu. Frère Jan le laisse libre de distinguer dans le poème "allégories et intelligences tant graves que voudrez" ; pour sa part, il y voit un *jeu*.. Lecture stupidement matérialiste ? Bien au contraire : on y reconnaîtra le paradoxe stoïcien et chrétien qui assimile les événements de ce monde, si "graves" qu'ils soient, à un spectacle placé sous le regard serein des dieux ou de la Providence, des sages ou des élus. Rupert de Deutz, au XIIe siècle, avait ainsi célébré dans le drame du Calvaire les "jeux de la Sagesse divine "[14] ; Erasme avait représenté les violentes agitations des humains, massacres inclus, comme une comédie, pour qui les verrait depuis l'Olympe[15]. Sans partager l'amertume de ce dernier, Rabelais reprend le thème : le "décours et maintien de vérité divine" est un combat ; mais pour celui qui vit "en foi profonde" dans

---

mortels ordinaire service" -- on voit bien les cordes de la raquette pour le"service", mais quel rapport avec l'apocalypse ? Dans les premières édition, le commentaire de Frère Jan, si bref qu'il fût, mentionnait précisément ce passage. D'autres détails, moins remarquables, semblent ne s'interpréter que par référence au jeu de paume : v. 45 ("... et la terre de pas") et 50 ("Dont le plus lourd sera reçu pour juge" = le Naquet).

14 *De Sancti Spiritus operibus*, II, 20, cité par E. de Solms, *Christs romans*, coll. Zodiaque, La Pierre-qui-Vire 1963, p. 65-78.

15 *Eloge de la Folie*, XLVIII (éd. citée, p. 58).

l'allégresse du salut promis, ce combat est une fête. Tel est le complément essentiel apporté par Frère Jan. Sa lecture de l'Histoire anticipe, par un acte d'espérance folle, sur la perspective des élus ; elle est anagogique, au sens précis du terme[16]. Il appartenait à Gargantua, lucide, de rappeler en cet ultime chapitre, par sa glose que rien ne réfute, la dure condition assignée aux évangélistes militants ; mais son compagnon bouffon, précisément parce qu'on ne peut pas le prendre au sérieux, indique un autre sens de la prophétie, affranchi du réel et de ses critères de vérité comme l'utopie de Thélème fondée "à son devis" ; et c'est à lui que revient le dernier mot, de liesse : "Et grand'chère !".

Réservons à plus tard le commentaire philosophique ; c'est le mode de lecture qui importe. Pour comprendre la glose de Frère Jan, deux conditions sont nécessaires. Il faut d'abord se laisser guider par le mécanisme du texte, indiqué dans son titre par le mot "énigme" : une signification apparente en cache une autre, à deviner. En général, on admet ce principe herméneutique, mais pour l'appliquer ici exactement à contresens, en postulant que le "plus haut sens" doit correspondre au registre le plus prestigieux, celui de la prophétie, le sens apparent, superficiel, restant sur le registre ludique, du jeu de paume. Il est pourtant clair que la signification qui s'impose immédiatement, à l'aspect du style du poème et des multiples allusions et citations scripturaires qui le jalonnent, est la prédiction des épreuves à venir ; et la description du jeu de paume, tenue pour sens apparent, bien malin qui l'aura découverte à première lecture : elle est cachée, comme dit Frère Jan dans la version de 1542, "sous obscures paroles". Semble ainsi inversé le trajet ascendant de l'exégèse, vers l'*altior sensus*, "plus élevé" dans les degrés d'intelligence, du

---

16 Rappelons que la théorie du"quadruple sens" des Ecritures superpose au sens"littéral" ou"historique" des textes leurs sens"tropologique" (d'édification morale),"allégorique" (de révélation doctrinale) et"anagogique" ou"mystique" (qui anticipe sur la vision des bienheureux).

charnel au spirituel, parce que "plus élevé" dans la hiérarchie des signifiés, depuis l'événement terrestre auquel se réfère le sens "historique" jusqu'aux mystères recélés en celui-ci. Mais ce n'est encore qu'une apparence, dissipée par une lecture qui satisfait à le seconde condition d'intelligibilité : tenir compte de la complémentarité des deux interprétations, et en déduire qu'elles sont indissociables. En d'autres termes : comprendre, à l'aide de la perspective eschatologique de Gargantua, que le "jeu de paume" décrypté par Frère Jan est lui-même figure d'un sens ludique et mystique, "spirituel" selon la double acception du terme, qui dépasse et éclaire la prophétie d'apocalypse. Rabelais se garde bien de formuler explicitement cette consigne de lecture, il se borne à en solliciter l'application par l'agencement du texte et à l'indiquer, peut-être, par ses deux premiers vers[17]. C'est au lecteur qu'il appartient d'effectuer le va-et-vient entre les deux significations, et d'élaborer, par ce mouvement discrètement guidé, le "sens agile".

On entrevoit dès lors le type d'herméneutique propre à celui-ci. Ce n'est pas un décodage univoque, qui ferait correspondre à une série d'énoncés primaires, réputés sans intérêt, une autre série d'énoncés prestigieux, obtenus par déchiffrement et oblitération des premiers. Dans l'Enigme, les énoncés sont polysémiques et doivent le rester pour que le message prenne tout son sens ; ils ne réclament ni traduction, ni recours à des références ésotériques : leurs sources scripturaires sont bien connues à l'époque, et les phases du jeu de paume le sont aussi,

---

[17] A supposer que le corps de l'énigme soit de Mellin de Saint-Gelais, Rabelais aurait alors ajouté les dix derniers vers, uniformément scripturaires, afin que l'interprétation ludique ne pût suffire (mais certainement pas pour exclure celle-ci, et"faire de l'énigme un sermon", comme le croit M.A. Screech - éd. citée, p. 314). Quant aux deux premiers vers, qui répondent à l'attente de bonheur par une invitation évangélique à élever son esprit pour comprendre ("Levez vos coeurs et mes dits entendez"), ils confirment l'hypothèse d'un sens spirituel dissimulé, et par conséquent réfutent la lecture traditionnelle,"littérale" en dépit de ses prétentions puisqu'elle s'en tient aux évidences.

avec les métaphores qui en dérivent. Il faut simplement faire jouer les équivoques en procédant à une inspection des séries concurrentes de significations, pour qu'apparaisse, comme principe et sens de leur combinaison, la gaie leçon d'espérance qui résume le roman. C'est là tout autre chose que la lecture allégorique médiévale, superposition d'une lettre à une autre lettre, d'un discours dogmatique dans son ordre à une autre discours non moins dogmatique dans un autre ordre. Le "sens agile" est ailleurs : sollicité par le travail du texte, mais dépassant toute formulation catégorique, il scintille et se dérobe, selon la description de Jean-Yves Pouilloux : "comme au jeu du furet nous découvrons *après* qu'il s'est passé quelque chose, que quelque chose a passé, et nous ne savons pas quoi précisément, pris que nous sommes dans la joie du mouvement et l'inquiétude de ne pouvoir le fixer. Peut-être est-ce cela le passage de l'esprit"[18].

La lecture en devient aventureuse sans doute, à prendre en compte les antiphrases et les équivoques, à ne pas s'en tenir aux leçons sans surprise et à chercher au besoin dans les billevesées (non pas à côté ni au-dessus) des significations peut-être inédites. En est-elle réduite à l'arbitraire, ou à la gratuité d'un jeu de pure fantaisie ? Non : pour guider les investigations hors normes, Rabelais dissémine des indices, comme nous venons de le voir ; il installe aussi des repères sûrs, bien visibles, par rapport auxquels peuvent toujours s'orienter nos errances. Il convient de tenir compte de ces derniers, ne serait-ce que pour attester que l'écrivain a quelque chose à dire, et ne se borne pas à jongler avec les mots et les idées ; mais en les traitant selon leur fonction propre, sans les prendre pour l'essentiel du message et refuser de constater leur relative banalité. On pourra découvrir alors sans

---

18 "Questions de lecture", Cahiers *Textuel 34/44*, 1989 n° 4/5, p. 7-12 (phrase citée p. 12). Dans le même recueil, p. 69-78, figure l'article"Plus haut sens ou sens agile ?" dont un extrait est repris ici.

peine que les fariboles greffées sur eux les infléchissent régulièrement vers des idées insolites, et plus hardies. Esquissons, sur quelques exemples, le schéma de ce dispositif.

Pour première application de ses compétences, le jeune Pantagruel est prié d'arbitrer la "controverse merveilleusement obscure et difficile" débattue en cour d'appel entre les sieurs de Baisecul et de Humevesne. C'est l'occasion de lui faire prononcer quelques sentences véhémentes contre les glossateurs médiévaux et les "fatrasseries" de la procédure, avec en contrepartie l'éloge des Pandectes "extirpées du milieu de philosophie morale et naturelle", et surtout de "l'équité philosophique et évangélique" qui coupera court aux arguties du droit strict. Rabelais ne fait là que répéter, avec plus de vigueur, ce qu'avaient écrit Valla, Erasme et leurs disciples : repère aisément reconnaissable pour tout humaniste. Mais la suite est incongrue : les plaideurs convoqués pour s'expliquer de vive voix sans tenir compte des "babouineries" du dossier débitent à tour de rôle des séries de coq-à-l'âne, et le verdict de Pantagruel est de la même veine. Au lieu du fatras de la chicane, le fatras de l'expression spontanée sanctionné par le fatras de l'équité. Balivernes pour amuser ? Certainement, mais l'essentiel se trouve là. On a déjà fait observer que la syntaxe des plaidoyers était conforme aux modèles de l'éloquence judiciaire, argumentation (de Baisecul) ou envolées oratoires (de Humevesne)[19] ; la sentence se déchiffre avec la même clef : il suffit de n'en retenir que l'armature, abstraction faite des propositions dénuées de sens qu'elle articule. On trouve alors :

> Considéré que... [*n'importe quoi*], le demandeur eut juste cause de... [*id.*]. Semblablement est déclaré innocent du cas de crime qu'on pensait qu'il eût encouru de ce que... [*id.*]. Mais, en ce qu'il met sus au défendeur que...[*id.*], la Cour le condamne en trois verrassées de caillebottes [...] envers ledit défendeur, payables à la mi-août en mai. Mais ledit

19 F. Rigolot, *Les langages de Rabelais*, Droz 1972, p. 42 et 46-47.

> défendeur sera tenu de fournir de foin [...]. Et amis comme devant, sans dépens et pour cause.
> (*Pantagruel*, IX bis, Droz 1965, p. 73)

Autrement dit, Pantagruel justifie l'appel du demandeur (précaution nécessaire pour qu'il n'encoure pas d'amende) mais en même temps le blâme d'avoir formulé des griefs contre le défendeur, et fixe des dommages-intérêts à ne jamais payer, dont le bénéficiaire devra fournir on ne sait quelle contrepartie. Tout aboutit à une réconciliation avec satisfaction des deux adversaires, parfaitement logique puisque l'absurdité des attendus et dispositions de la sentence, faisant écho à l'absurdité des plaidoyers, révèle l'absurdité de la querelle. Nous voici aussi loin que possible de la belle clarté des Pandectes et de la raison naturelle sur laquelle se fondait l'équité ; mais au-delà, non en-deçà. A la satire prévisible des procédures s'est substitué un exorcisme de l'esprit de litige, principe des débats judiciaires condamnés par S. Paul (I *Cor*. vi, 4-7). Du non-sens a surgi la vérité utopique, d'un arbitrage qui présuppose l'inanité du conflit, et la vérifie : il suffisait de prendre le galimatias comme tel, d'y saisir non une argumentation (puisqu'il ne signifie rien) mais un symptôme d'intentions hostiles, et de le neutraliser par caricature. Le rôle du repère philosophique est ici très visible : il détermine l'enjeu de l'épisode, *de judiciis*, et lui assure d'abord un minimum de signification. Quant aux indices qui guideront vers le "sens agile" charrié par le flux verbal, ils sont plus discrets, mais insistants. Au terme du procès, les conseillers entrent en "extase", tant ils sont "ravis en admiration de la prudence *plus qu'humaine*" du géant ; cette conclusion fait écho au titre qui annonçait un jugement "plus admirable que *celui de Salomon*". Par deux fois est annoncé un dépassement de la raison et de la justice humaine, celle-ci fût-elle cautionnée par l'autorité du plus sage prince consacré dans l'ère de la Loi... Le fou-rire est parent de l'allégresse spirituelle. Nous y reviendrons.

Un agencement analogue détermine le sens d'un épisode encore plus bouffon, la dispute par gestes entre Thaumaste et Panurge. En préambule, Rabelais prend soin de montrer que "le grandissime clerc" venu d'Angleterre n'est pas un scolastique attardé ; humaniste féru d'exemples antiques, enthousiaste de "Platon, le prince des philosophes" (ch. XIII, p. 102), assoiffé de savoir, il réprouve comme Pantagruel les disputes *pro et contra* de "ces fols sophistes" de la Sorbonne (p. 104) et s'en tiendra pour cette raison au mode de communication le plus discret qui soit, les signes adressés en silence à qui saura les comprendre. Telle est la leçon qui, en fonction de repère, détermine l'enjeu de la rencontre : l'échange philosophique, et le langage qui lui convient. Mais grâce à l'intervention de Panurge, tout dégénère en une pantomime grotesque ponctuée de pieds de nez et de quelques symboles gestuels dont l'obscénité se laisse percevoir sans peine. La recherche commune de la vérité, grave dessein rappelé par le farceur lui-même au commencement du débat (p. 108), est bien compromise, comme l'avaient été plus haut l'équité et le droit rationnel... Mais de quelle vérité s'agissait-il ? La "philosophie" qui excite la curiosité de Thaumaste est celle des traditions occultes, "de magie, d'alchimie et de Cabale" (p. 104) et aussi de géomancie et d'astrologie (p. 114) : sciences écartées comme "abus et vanités" du programme encyclopédique tracé naguère par Gargantua (ch. VIII, p. 46). C'était l'une des tentations auxquelles s'exposaient les syncrétistes de la Renaissance : Pic de la Mirandole n'y avait qu'à moitié résisté, et Corneille Agrippa venait d'y succomber ; la plaisanterie a valeur d'avertissement, contre ces pseudo-savoirs que la gesticulation de Panurge projette en silhouettes biscornues sur un théâtre d'ombres. Mais la satire n'est encore qu'une première étape ; un indice désigne, par-delà, un autre sujet de méditation ironique. Au terme du débat, Thaumaste s'exclame : "Ha ! j'entends, mais quoi ?". La formule paradoxale, en fonction d'indice, désigne précisément ce qui lui est donné à entendre, et qui lui échappe : l'objet fallacieux de la dispute une fois dissipé dans son inconsistance, reste à prendre conscience de l'opération salutaire qui en a transformé les signes en joyeux quolibets, paillardises et dérision ; mais pour "entendre" pleinement celle-ci, il faut se déprendre de l'objet premier, devenu question à vide ("quoi ? ") et parachever le mouvement réflexif qui pose la vraie question, épistémologique et sémiologique : statut des savoirs et des systèmes de signes qui en assurent la transmission. Ici encore la fantaisie, en brouillant jusqu'au non-sens ce qui s'annonçait comme débat philosophique, fait accéder à une problématique de degré supérieur, bien plus ambitieuse que les considérations sérieuses qu'elle a perturbées. En conclusion, à défaut du "grand livre" censé décrypter la gesticulation, un équivalent narratif de l'éclat de rire qui a dissipé les faux mystères : l'amicale beuverie au terme de laquelle les partenaires reviennent au point initial de leur rencontre, lorsqu'ils sont ivres "jusques à dire : Dont venez-vous ?".

L'exclamation de Thaumaste ahuri est un indice, mais bien ténu et difficile à interpréter. Il en est un autre, placé en vedette dans le titre du chapitre : "Comment un grand clerc d'Angleterre voulait arguer *contre Pantagruel* et fut vaincu *par Panurge* "[20]. Outre le vocabulaire de la joute, qui relativise les déclarations initiales de sérieux destinées à servir de repère, le lecteur découvre d'emblée la substitution de personnages : à la place du sage prince, le sophiste bouffon. Ce qui fait prévoir que le "grand clerc", avec ses doutes, se trouvera en porte-à-faux ; mais laisse aussi entendre que l'attitude requise pour apprécier l'épisode n'est pas simple : il faut saisir les gestes de dérision comme tenant lieu des signes plus ou moins cabalistiques auxquels Pantagruel avait "rêvassé" toute la nuit, à grand renfort

---

[20] Ch. XIII, p. 102. (même titre en 1542, où le numéro de chapitre a changé). Sur ce point, voir D. Ménager,"La stratégie des titres dans *Gargantua* et *Pantagruel*", Cahiers *Textuel* 34/44, 1989, p. 17.

de traités de symbolique (p. 106), avant de passer la main au bateleur ; et saisir toute la farce comme tenant lieu de la théorie *de modis significandi* à laquelle préparait cette fiévreuse étude. Ainsi la pantomime n'est plus seulement grotesque en elle-même, elle est caricature d'une gestuelle mystérieuse[21], inscrite dans les virtualités du récit comme ce qui aurait pu se faire si Panurge n'avait pas pris la place du géant ; et le jeu clairement satirique qui ridiculise Thaumaste se double d'un jeu plus subtil entre Pantagruel et son compagnon, où l'on reconnaît le va-et-vient problématique du "sens agile".

Mais ce n'est là que l'une des applications les plus évidentes d'un agencement binaire qui structure l'ensemble du roman, et, si clair qu'il soit, en constitue l'aspect le plus controversé. En deux mots : le géant Pantagruel est inséparable de Panurge le farceur, on le sait ; et le schéma est si nécessaire que lorsque Rabelais fait rétrograder la fiction d'une génération, en écrivant le *Gargantua*, il éprouve le besoin d'inventer un autre trouble-sapience, Frère Jan. Reste à définir la fonction de ces acolytes. L'usage est de poser la question en termes de personnages plutôt qu'en termes de rôles ; et de détailler les traits moraux, caractériels, intellectuels, sociologiques et autres de Panurge (Frère Jan restant relativement épargné) pour conclure, généralement, sur d'implacables verdicts : menteur, pipeur, larron, blasphémateur, sentant la hart de cent pas à la

---

21 Ce trait est accentué si l'on tient compte de la source de l'épisode et des modifications qu'il subit en 1542. L'anecdote d'Accurse (dans la glose du *De origine juris*, Digeste, I, ii) dont s'inspire Rabelais est une histoire de quiproquo : un philosophe et un fou échangent des signes qu'ils interprètent différemment, l'un par référence à la théologie, l'autre par référence à la bagarre ; chacun de leurs gestes est déchiffré ensuite selon les deux codes. Dans le *Pantagruel* de 1532, les gestes de Panurge sont déchiffrables en obscénités et expressions de défi ou de dérision ; non ceux de Thaumaste. Dans la version de 1542, une profusion de gestes supplémentaires rétablit dans la scène, pour rire, la possibilité d'une symbolique inconnue : comme si Rabelais avait voulu faire miroiter dans le texte le reflet virtuel de ce dont il se moquait.

ronde...Intelligent ? même pas : il paraîtrait fourbe dans le *Pantagruel*, mais ridicule dans le *Tiers Livre*, minable dans le *Quart*.... A croire qu'il fait peur : l'acharnement de certains commentaires relève d'une phobie mal contrôlée, et encore plus mal compensée par une dévotion excessive au bienheureux Pantagruel, parangon de toutes vertus. Moins fréquente, la lecture opposée fait de Panurge un moderne contestataire, subvertissant dans l'allégresse ou l'inquiétude les normes auxquelles restent fidèles les géants ; ce pourrait être d'ailleurs la même lecture, avec une axiologie différente. Des croisements sont également possibles, et ont été essayés, non sans ingéniosité. Disons-le franchement : le présent livre se propose de rompre avec ce type de discours, propre à fausser non un personnage — ce qui serait négligeable — mais l'ensemble du roman, et à travers lui l'une des pensées les plus audacieuses et généreuses qui aient jamais pris forme de fantaisie.

Pour écarter les tentations symétriques de l'hagiographie et de l'exorcisme, nous nous astreindrons, au moins au début, à prendre pour objets d'investigations des schémas textuels de situations, où les actants des récits et débats se définissent par leurs rôles, et par les fonctions respectives des énoncés qui leur sont attribués. C'est ainsi que viennent d'être analysées les gloses de l'Enigme en Prophétie et la dispute par gestes ; il faudra procéder de même à plus large échelle, quitte à s'interroger ensuite sur les identités qui se seront dessinées de séquence en séquence. D'autre part, nous ajouterons aux catégories usuelles de l'analyse du discours (compatibilité, implication, contradiction etc...) la notion d'agencement dialogique, empruntée à Mikhaïl Bakhtine — moins à son *Rabelais*, à vrai dire, qu'à sa théorie du récit polyphonique, dont il a esquissé la généalogie depuis l'Antiquité dans son étude sur Dostoievski[22].

---

[22] *La poétique de Dostoïevski*, IV, Seuil 1970 ; voir notamment les p. 154-169. Le critique russe conclut cependant ses descriptions sur l'idée que la ménippée"ignore encore la polyphonie" ; peut-être par prédilection pour

Autrement dit, nous admettrons que des assertions incompatibles entre elles, des conduites inconciliables, peuvent produire par confrontation, sans même une ébauche de synthèse, des significations problématiques, paradoxales, au-delà des cadres dans lesquels paraissait s'inscrire le propos. La tradition ménippéenne dans laquelle se situe le roman, comme ce que nous venons d'entrevoir de l'élaboration du "sens agile", requiert cette option ; encore faudra-t-il la légitimer. Son efficacité, mesurée à l'épreuve des textes, pourrait y contribuer, sans toutefois apporter de caution irrécusable. Le repérage de marques ou d'indices textuels appropriés, en revanche, devrait la valider, et, qui plus est, déterminer l'opportunité de son emploi. Quelques mots d'explication, sur un dernier exemple, pour éclaircir ce point de méthode.

Toute anomalie logique jette la suspicion soit sur la consistance du texte où elle figure, soit sur la compétence du lecteur qui pense la constater : il est des conteurs qui ne se soucient guère de rendre cohérentes leurs fictions, il est des lecteurs négligents qui taxent d'aberration des épisodes dont ils ne distinguent pas les tenants et aboutissants pourtant bien visibles. Comment s'assurer que telle inconséquence apparue dans le texte de Rabelais ne relève pas de l'une de ces deux explications, et qu'il faut la présumer concertée, et l'interpréter ? — En trouvant un énoncé qui désigne l'anomalie comme telle, soit expressément, soit par simple accentuation, soit encore en la doublant d'une autre anomalie propre à faire sens avec la première. Ce genre de singularité n'est pas rare. Soit la "harangue faite par Gallet", ambassadeur de Grandgousier, à Picrochole, couramment citée comme un modèle d'éloquence au service d'une politique de paix. Jean-Yves Pouilloux a déjà fait observer que l'emploi outrancier des figures de rhétorique "qui

l'idée complémentaire de"carnavalisation", moins efficace semble-t-il pour analyser l'oeuvre de Rabelais, en raison des hiérarchies (à rebours) qu'elle réinstaure.

constituent la menue monnaie de l'emphase des discours officiels" donne à penser que c'est en fait une parodie, dont l'ironie devient manifeste lorsqu'"on s'avise que la harangue, toute pleine de débonnaireté [...] dans sa majeure partie, se retourne brusquement en un véritable ultimatum" en sa conclusion, dont "le ton comminatoire [...] suggère inévitablement que les propos paisibles du commencement avaient plus de valeur ornementale que de réalité pratique "[23]. C'est parfaitement exact ; mais imaginons un lecteur obstinément fidèle à l'interprétation traditionnelle, qui refuserait de percevoir l'ironie et mettrait au compte d'une vraisemblance de situation (car après tout, la guerre a déjà commencé) le subit durcissement des propos : que lui répondre ? Il faut aller plus loin, et constater que le bon Ulrich Gallet enfreint tranquillement les consignes reçues avec sa mission. Selon les "conclusions" du conseil (autrement dit, le "décret" pris à son terme) il était envoyé "devers Picrochole *savoir pourquoi* ainsi soudainement il était parti de son repos et envahi les terres èsquelles n'avait droit quelconque" (XXVI, p. 179). Sur ce point crucial, il ne pose qu'une question de pure rhétorique, présupposant la réponse : "*Quelle furie* donc vous émeut maintenant [...] envahir hostilement ses terres, *sans en rien avoir été par lui ni les siens endommagé, irrité ni provoqué ?*" (XXIX, p. 185). Mieux, il impute à Picrochole le manquement dont il se rend coupable : "Si quelque tort eût été par nous fait en tes sujets et domaines *[...] tu devais premier t'enquérir de la vérité*, puis nous en admonester, et nous eussions [...] à ton gré satisfait" (p. 187). Les demandes d'indemnités et d'otages qui terminent la harangue confirment cette transformation globale d'une mission d'enquête et de conciliation en constat de belligérance, avec réquisitoire et ultimatum. Au chapitre suivant, pour bien marquer l'écart, Rabelais fera poser de nouveau par Grandgousier la question initiale : "Voire mais [...] *quelle cause*

---

23 "Questions de lecture" (voir note 18), p. 10.

prétend-il de cet excès ?" (p. 189) ; et le compte-rendu de l'ambassadeur reste évasif : le vieux roi devra encore ordonner une enquête sur les faits, et, une fois informé, proposer des réparations. — Mais faut-il être si minutieux ? Nous avons affaire à un récit de fantaisie, pas à des archives diplomatiques ! — S'il fallait l'admettre, ce serait pour demander, en contrepartie, que l'on cesse de spéculer à partir de cette harangue sur "les idées politiques de Rabelais" ; car on ne peut à la fois prendre un texte pour document probant et refuser de l'examiner avec rigueur. Mais il n'y a pas lieu d'admettre que les bizarreries de la harangue soient négligeables ; car elles sont corrélées avec une anomalie flagrante du récit qui les signale à l'attention ; et ce dernier point, en lui-même insignifiant, fait fonction de marque et valide la lecture proposée par J.-Y. Pouilloux. Après le conseil au terme duquel est définie la mission de l'ambassadeur, Grandgousier écrit à Gargantua (p. 179, et titre p. 180) ; il expose la situation, et ajoute : "... *par plusieur fois ai envoyé amiablement devers [Picrochole] pour entendre en quoi, par qui et comment il se sentait outragé ;* mais de lui n'ai eu réponse que de volontaire défiance et qu'en mes terres prétendait seulement droit de bienséance" (p. 181). Or, ce n'est qu'au chapitre suivant, "*les lettres dictées et signées*" (p. 183), qu'il délègue Ulrich Gallet "devers Picrochole"... L'incohérence est irréductible ; on ne saurait l'atténuer en prétextant le décalage temporel entre l'expédition de la missive et sa réception (qui commande l'emploi du passé dans les épîtres latines, la durée étant mesurée du point de vue du destinataire) ; car Grandgousier anticipe, et à tort, sur la réponse attendue. Il faut constater que, loin de coïncider ou de se compléter, la lettre et la harangue forment un montage dialogique qui met en concurrence deux types de réactions à une situation de conflit et les dispose sur des plans narratifs distincts. D'une part, à titre d'idéal et comme soustraite à l'enchaînement des faits par son statut de document doublé d'une anomalie chronologique (Rabelais en fera autant pour Thélème), la lettre de

Grandgousier. D'autre part, inscrite dans ces faits et dans leur logique de guerre, la harangue d'Ulrich Gallet. Avec, pour signification de leur impossible croisement, le décalage entre les principes et le réel, ou même peut-être les remodelages à contresens que peuvent subir des intentions pacifiques lorsqu'elle passent dans la langue de bois des diplomates du temps, belles envolées et attestations solennelles d'ambassadeurs trop soucieux du prestige de leur prince et de leur propre réputation. Au lieu d'un ressassement par *amplificatio* de la leçon érasmienne clairement et fermement exposée dans la lettre, on trouve ainsi, en filigrane, une réflexion incisive sur les difficultés que peut rencontrer un prince sage à la faire appliquer pour dénouer une crise. Cette signification n'apparaît pas distinctement dans l'anomalie narrative ; elle se profile dans les aspects parodiques de la harangue, mais sans garantie ; c'est la corrélation entre les deux singularités de l'épisode qui la confirme et la précise, en faisant d'elle le seul moyen de rendre compte de ces singularités sans les escamoter. Des effets de ce genre jalonnent le détours et les surprises du "sens agile" ; ils nous permettront de traiter logiquement, espérons-le, de ce qui échappe à la logique courante.

Sur ces bases, il est temps d'aborder les problèmes d'ensemble ; et d'abord celui de l'orientation générale que Rabelais donne au roman lorsqu'il le constitue en véritable série narrative : au moment où il écrit le *Tiers Livre*.

II. L'INFLEXION VERS LA SOPHISTIQUE.

Lus dans l'ordre de leur genèse, les deux premiers romans du cycle marquent les étapes d'une sorte d'assagissement. "Si *Pantagruel* est une oeuvre d'âme, écrit V.L. Saulnier, c'est un peu par occasion. Son premier dessein n'est pas commercial ; mais il n'est que de verve joyeuse "[24]. Même si l'on peut soupçonner un travail de composition plus concerté qu'il ne semble dans cet ouvrage de verve, avec des significations bien plus complexes, et même si l'analyse attentive de passages où affleure, selon le critique, "quelque préoccupation d'apostolat humaniste "[25], a montré que Rabelais y exposait dès 1532 des convictions très précises, en relation avec les controverses de l'époque, la formule est juste. La fantaisie se donne libre cours, jusqu'à la loufoquerie, dans le *Pantagruel*... Elle semble perdre une bonne part de son exubérance dans le *Gargantua*, où l'"apostolat humaniste", en revanche, envahit le récit au point de l'immobiliser, par exemple sur le massif emploi du temps réglé par Ponocrates, ou la "concion" adressée aux vaincus de la guerre picrocholine, ou la description de Thélème. C'est sans doute ce qui a fait la fortune universitaire de ce volume, et la relative défaveur de l'autre : d'honorables érudits, intarissables sur l'éducation du jeune Gargantua (mais non sur sa petite

---

24 Introduction à l'éd. du *Pantagruel*, Droz 1965, p. XXIII.

25 Id., ibid., p. XXVII. V.L. Saulnier est loin de sous-estimer cette préoccupation, mais l'analyse précise des passages en question, du moins en ce qui a trait à la doctrine religieuse, est due principalement à M.A. Screech (*L'évangélisme de Rabelais*, Droz, Etudes Rabelaisiennes II, 1959).

enfance, cajolée par des nourrices fort peu érasmiennes) n'oseraient s'attarder aux farces et filouteries de Panurge — et ne parlons pas des murailles de Paris ! La critique bakhtinienne, bien que moins sourcilleuse, marque elle aussi une prédilection pour le *Gargantua* en raison de sa richesse en éléments "carnavalesques" issus du folklore et des matériaux archaïques de la littérature de colportage. Là encore, la fantaisie est toute relative : le code des traditions populaires ne présente pas une diversité démesurée, et de toutes façons c'est un code, avec lequel le conteur du *Pantagruel* prenait beaucoup de libertés, pour notre bonheur ; celui du *Gargantua* exploite consciencieusement la thématique gigantale. Bref, Rabelais paraît avoir doublement tempéré sa verve, pour la conformer aux exigences de la prédication et du charivari.

Peut-être les deux modifications vont-elles de pair, du reste. Sitôt publié son premier roman, Rabelais l'avait vu en danger d'absorption dans la geste gargantuine à laquelle il l'avait lui-même artificiellement raccordé : l'anonyme auteur des *Chroniques admirables du puissant Roi Gargantua,* en 1533 ou 34, incorporait trois chapitres du *Pantagruel* à sa compilation, considérant sans doute que c'était là matière à contes pour rire tombée d'emblée dans le domaine public. Pour couper court à ce genre d'annexion qui risquait de dénaturer l'œuvre, il fallait refaire à celle-ci un antécédent sur mesure : Gargantua, qui usurpe à son tour, en les transformant, des traits issus de la tradition (la grande jument, les cloches de Notre Dame, l'énorme appétit, les pélerins en salade...) mais les combine avec les discours humanistes parfaitement explicites qui marquent la différence d'inspiration et de visée, levant les équivoques auxquelles avait pu donner lieu la première publication. Quoi qu'il en soit de ces causes conjecturales, le résultat est patent : passer du *Pantagruel* au *Gargantua*, c'est comme passer des *Fourberies de Scapin* aux *Femmes Savantes* : le fou-rire s'arrête, le farceur annonce un thème de réflexion — à ceci près que, poussée jusqu'à son terme, la réflexion reconduira parfois au fou-rire ; mais cela n'infirme pas la première impression, la bonne.

Seulement, la chronologie de rédaction et de parution des romans est l'affaire des savants ; pas des lecteurs, aux yeux de qui l'ordre est déterminé par la fiction : d'abord l'histoire du père, ensuite celle du fils. Les éditeurs du XVIe siècle prennent ce dernier parti. Lorsque Dolet, en 1542, imprime les deux ouvrages ensemble, sans l'aveu de Rabelais qui la même année en fait paraître une version remaniée chez François Juste, il les classe dans l'ordre des générations ; et à partir de 1542, toutes les éditions qui les associent, par titre ou par pagination, suivent l'exemple[26]. Rien de surprenant à cela ; reste à en considérer les répercussions sur la physionomie de l'œuvre. Le parcours décrit ci-dessus est inversé : le docile lettré qui a trouvé ou cru trouver dans le premier volume sa ration d'enseignements agrémentés de facéties, selon la recette des *joco-seria*, a toutes chances d'être désorienté au second. A grande échelle, c'est la surprise du procès arbitré par Pantagruel ou de la dispute par gestes qui se reproduit : un préambule presque grave conduit à des extravagances. Le fait est rendu particulièrement sensible par le mode d'intervention des acolytes du héros. Frère Jan arrive tard dans le *Gargantua*.. S'il y bouleverse joyeusement les conduites réglées et les bonnes manières, en cognant, riant, buvant et débitant des propos de table sans queue ni tête, bien différents des symposiaques de Ponocrates et autres compagnons du géant, ses intrusions sont épisodiques ; et même il s'assagit par moments, par exemple pour l'assaut bien programmé de la Roche-Clermaud. Dans le *Pantagruel*, Panurge déploie ses boniments fantastiques dès le chapitre IX, soit à la fin du premier quart du texte, et les traits qui le caractérisent paraissent de moins en moins conformes aux valeurs illustrées par les bons géants. Tout se passe comme si le romancier s'était dévergondé,

26 Voir M.A. Screech & S. Rawles, *A new Rabelaisian Bibliography*, Droz 1987, p. 157, 161, 201.

jusqu'à mêler à l'imagerie pseudo-épique des exploits et combats, inséparable de la chronique gigantale, de scandaleuses histoires de pachas à la broche, de poliorcétique paillarde, de truanderies, de grimaces, de chienneries, de géodésie par cottes vertes, de chevaliers rôtis, de braquemardages en série et, pour finir, d'enfers comiques où les héros, princes et papes traînent la savate et se font rosser par le premier Pathelin venu ; quant aux leçons philosophiques, Alcofrybas en tirera, mais de vertigineux relativisme, au terme d'une excursion dans la gorge de son maître, ou dans le monde fallacieux de Gorgias. Où est-il, l'os à moëlle de notre pot-au-feu humaniste ?

Mais l'affolement pourrait être occasionnel, et vite apaisé, si la suite du roman devait prolonger et confirmer l'évolution que jalonnent dans l'histoire les productions de l'écrivain, de la folie à la sagesse souriante, de la verve à la maîtrise du discours. C'est donc le troisième livre qui décidera du sens de l'œuvre et, selon l'expression de V.L. Saulnier, du "dessein de Rabelais "[27]. Il était envisagé, semble-t-il, dès 1534, puisque Rabelais insère à cette date dans la conclusion du *Pantagruel* une phrase qui indique approximativement son thème, en annonçant que l'on y verra "*comment Panurge fut marié, et cocu* dès le premier mois de ses noces". Il est étroitement soudé au récit précédent par son premier chapitre, isolé, qui fait fonction d'épilogue de la guerre contre les Dipsodes, et par son titre même, de "*Tiers* livre des faits et dits héroïques du bon *Pantagruel*". C'est à la lecture de cette suite que nous pourrons voir si la dérive vers les parages de l'extravagance, sensible dans le temps fictif, était une illusion d'optique due aux contingences de la rédaction des premiers tomes, et corrigée lorsque prend forme le grand roman pour lequel le lecteur bénévole est prié "de soi réserver à rire au

---

[27] Titre de son ouvrage capital de 1957, réédité en 1983 (*Rabelais*, SEDES-CDU, t. I, p. 129-222). Nous sommes largement redevables envers ce livre, dont bien des conclusions seront ici rejointes, comme on verra, par des voies différentes.

soixante et dix-huitième Livre". Et spécialement en scrutant le début du nouveau texte, point de clivage où devrait être sensible l'orientation de toute la suite, telle qu'elle était prévue, du moins, en 1546. Nous procèderons à cet examen en étudiant concurremment les premiers chapitres de la fiction proprement dite et le prologue, hors fiction (mais non pas hors jeu) qui l'introduit.

*

* *

Rien de plus édifiant que le chapitre I. On croirait lire un traité de bienfaisance à l'usage des conquérants, agrémenté de tout l'assortiment requis d'exemples et de préceptes antiques, Osiris, Alexandre, Hercule, Aurélien, Auguste, Numa Pompilius... Rabelais semble en oublier de rire, exception faite d'un petit jeu numérologique (9876543210 colons transplantés) et de pesantes plaisanteries sur les aptitudes des Utopiens à la procréation. Si nous devions en juger par ces pages, la question serait vite réglée : la suite du *Pantagruel* s'orienterait résolument vers les leçons de morale, d'histoire et de politique, au détriment de toute fantaisie. Il y a bien, au bout du compte, la mésaventure de Charlemagne entre Saxons de Flandre et Flamands de Saxe, mais ce n'est pas assez, disons-le, pour ranimer le "sens agile" affligé d'une paralysie inattendue...

Il ne faudrait pas s'y fier. D'abord parce que ce premier chapitre, avec exactement les huit premiers mots du second, fait figure de résidu d'un épisode militaire que le conteur de 1532 avait d'ailleurs écarté de sa narration : la conquête de la Dipsodie, accomplie, par réduction de la résistance des seuls Almyrodes, pendant qu'Alcofrybas s'occupait de pérégrinations moins prévisibles entre les mâchoires du vainqueur. Dans toute la suite du roman, personne, et surtout pas le lecteur, ne se souciera plus des Dipsodes ni de leur colons Utopiens ; on peut en conclure qu'il ne s'agissait là que d'une suture, et que le vrai début du *Tiers Livre* est au chapitre II. Ensuite parce que si l'on tient à intégrer ce premier chapitre à un ensemble plus large, sa fonction, hors structures narratives ou thématiques, ne peut être que d'exemple : un modèle de rationalité fructueuse, le "gouvernement" du nouveau territoire, opposé à un modèle de dissipation déraisonnable, la gestion de la châtellenie de Salmigondin :

> *Donnant Pantagruel ordre au gouvernement de toute Dipsodie*, assigna la châtellenie de Salmigondin à Panurge, valant par chacun an 6789106789 royaux en deniers certains, non compris l'incertain revenu des hannetons et caquerolles [...] Et *se gouverna si bien et prudentement Monsieur le nouveau châtelain*, qu'en moins de quatorze jours il dilapida le revenu certain et incertain de sa châtellenie pour trois ans.
>
> (ch. II, p. 28)

— Un repère initial en somme, par rapport auquel se posera d'abord comme aberration puis comme problème majeur du livre la conduite de Panurge, à partir de son éloge effréné du gaspillage et des dettes.

Nous devons donc étudier d'abord cet éloge, l'un des passages les plus complexes et les plus controversés de l'oeuvre de Rabelais[28]. Pour simplifier et abréger, prenons pour point de départ les principaux indices donnés par l'écrivain pour guider notre lecture. Ils sont placés en vedette — trois titres de chapitres dont nous mettons en italiques, ici, les expressions cruciales :

---

28 Voir dans les actes du colloque *Or, monnaie, échange dans la culture de la Renaissance*, R.H.R., Publications de l'Université de Saint-Etienne, 1994, le tableau, par G. Demerson, des différentes interprétations proposées au cours des dernières décennies (p. 119-128), ainsi qu'une importante étude de T. Cave, "*Or donné par don* : échanges métaphoriques et matériels chez Rabelais" (p. 107-117). Voir aussi Tristan Dagron, "G. Bruno et la théorie des liens",*Études Philosophiques,* 4, 1994, p. 467-487 (479-486 sur Rabelais).

Ch. III :	Comment Panurge loue *les debteurs et emprunteurs.*
Ch. IV :	*Continuation* du discours de Panurge *à la louange des prêteurs et debteurs.*
Ch. V :	Comment Pantagruel déteste *les debteurs et emprunteurs.*

A chaque fois, l'objet du discours est désigné par un couple de termes. Mais dans le titre du chapitre III, les deux termes sont synonymes ; de même dans le titre du chapitre V, où Pantagruel réplique à l'éloge par la réprobation : il s'agit à chaque fois du même rôle, de bénéficiaire du prêt. Dans le titre du chapitre IV, en revanche, les termes sont complémentaires : prêteurs et debteurs [= débiteurs] sont partenaires dans une opération de transfert provisoire de ressources, et l'éloge vise à la fois celui qui se dessaisit de ces ressources et celui qui les reçoit. Ce détail change tout ; ou, plus exactement, il désigne dans le texte une mutation radicale. Mais Rabelais complique le jeu en niant en même temps la différence, par le mot de "continuation" qui assimile les deux phases du "discours". Ainsi sont fixés les cadres d'un système paradoxal où est porté d'emblée à son plus haut degré d'éclat et de mobilité, bien loin des lieux communs du chapitre I et des contre-vérités manifestes du chapitre II, le perpétuel feu d'artifice verbal du *Tiers Livre*.

Dans l'éloge "des debteurs et emprunteurs", au chapitre III, c'est un filou qui parle. Il n'est pas question de rendre l'argent emprunté, sinon "ès Calendes Grecques" (p. 37) : c'est tout au plus si Panurge laisse espérer à ses créanciers qu'il "fera versure", autrement dit contractera un nouvel emprunt pour rembourser le précédent. A l'appui de cette conception très particulière du crédit est élaborée une théorie de la "création" des créanciers et de la "production" des dettes (p. 39) qui dessine les linéaments d'un anti-monde, en creux, d'êtres surgis *ex nihilo* par l'opération d'un magicien "rien ne tenant ne matière première", mais qui restent tout négatifs, ombres d'une fantasmagorie peut-être infernale. Seulement le propos n'est sophistique, et jusqu'à l'absurde, que dans la mesure où sont réifiées les dettes, et considérés comme des entités les créanciers, "créatures belles et bonnes", ainsi que leur débiteur suprême. Un clivage apparaît lorsque le processus est représenté sous forme de relations :

> Bien pis y a, je me donne à Saint Babolin le bon saint, en cas que toute ma vie je n'aie estimé dettes être comme *une connexion et colligence des Cieux et Terre, un entretenement unique de l'humain lignage,* je dis sans lequel bientôt tous humains périraient...
>
> (p. 40)

R. Marichal a reconnu ici une parodie des conceptions platoniciennes qui font de l'amour l'agent de l'unité cosmique aussi bien que des solidarités humaines ; le rapprochement est d'autant plus juste que l'amour, selon Platon, est "fils de Penia", désir d'un objet à atteindre[29], donc manque, concept en partie privatif, comme celui de dettes. Mais les néoplatoniciens de la Renaissance, et notamment Ficin dans son commentaire du *Banquet*, insistaient bien davantage sur la contrepartie positive de ce manque, la convenance réciproque des créatures attirées par un *mutuus amor* qui assure la cohésion de l'univers. Le "monde sans dettes" évoqué immédiatement après est donc un monde en ruine, faute de liens de solidarité entre les éléments et entre les hommes ; d'abord décrit en termes de cosmo-mythologie burlesque, il prend vite forme d'apocalypse ("La Lune restera sanglante et ténébreuse... ") pour se figer en spectacle de détresse et d'indifférence :

> Entre les humains l'un ne sauvera l'autre : il aura beau crier à l'aide, au feu, à l'eau, au meurtre, personne n'ira à secours. Pourquoi ? Il n'avait rien prêté, on ne lui devait rien. Personne n'a intérêt en sa conflagration, en son

---

[29] *Banquet*, 203 b-e. Rabelais fait allusion à ce passage dans le *Quart Livre*, ch. LVII, p. 232 de l'éd. R.Marichal (Droz, 1947).

> naufrage, en sa ruine, en sa mort. Aussi bien ne prêtait-il rien. Aussi bien n'eût-il par après rien prêté.
>
> (p. 43)

Surgissent alors, comme valeurs perdues, les vertus théologales, avec une phrase explicative qui (au prix d'un illogisme de syntaxe) rappelle qu'elles restent la véritable vocation de l'homme :

> Bref de cettui monde seront bannies Foi, Espérance, Charité. *Car* les hommes sont nés pour l'aide et secours des hommes. En lieu d'elles succèderont Défiance, Mépris, Rancune...

Mais si le refus violent de "cette truandaille de monde qui rien ne prête "[30] conduit *a contrario* à "la louange des prêteurs et debteurs" c'est sur la base de la mutation effectuée plus haut : sont désormais en jeu des systèmes de relations.

De fait, Panurge ne célèbre plus séparément "les debteurs" et "les prêteurs", mais leur réciprocité, par laquelle peuvent s'échanger ces rôles :

> Au contraire représentez-vous un monde autre, on quel un chacun prête, un chacun doive, *tous soient debteurs, tous soient prêteurs*. O quelle harmonie...
>
> (ch. IV, p. 46)

Il n'est plus question d'accaparer, ni même de posséder — et l'on se souviendra du dernier mot du chapitre précédent, qui notait comme incidemment que Panurge, ce spécialiste de l'emprunt sans retour, n'a rien gardé pour lui : son argent est parti "à tous les diables". Le discours célèbre une sorte d'universalisation de la "largesse", qui n'est plus don du prince et, comme le fait

---

30 P. 44. Sur la conviction exprimée par ce refus, qui interdit de discréditer globalement le discours de Panurge, voir V.L. Saulnier, *Le dessein de Rabelais*, éd. citée p. 152-153.

observer D. Ménager[31], signe de sa suzeraineté, mais geste amical de chacun envers tous, de tous envers chacun. Il présuppose aussi une conception nouvelle de l'argent, comme dématérialisé : non une masse de métaux précieux à thésauriser, à exhiber ou à prodiguer, mais un système fluide de crédits et de débits qui anime de son mouvement tout ce qui conditionne et sustente la vie en fête :

> Entre les humains paix, amour, dilection, fidélité, repos, banquets, festins, joie, liesse, or, argent, menue monnaie, chaînes, bagues, marchandises *trotteront de main en main...*
> (p. 46-47)

Pour gage de cette description, le médecin Rabelais a recours aux échanges dans l'organisme. L'idée n'est pas nouvelle, de penser les relations socio-économiques sur le modèle de ce que l'on croit connaître du "microcosme" humain. Moins fréquent sans doute est le parti adopté ici, de considérer celui-ci comme une fabrique, et son organisation comme un échange de services toujours réversibles, au lieu de le modeler sur la cité, le royaume ou les cieux, en y distinguant des degrés de pouvoir et de dignité. Telle est pourtant l'assertion de base :

> Sang est le siège de l'âme. Pour tant un seul labeur peine ce monde, c'est *forger* sang continuellement. En cette *forge* sont tous membres en office propre ; et est leur hiérarchie telle que sans cesse *l'un de l'autre* emprunte, *l'un à l'autre* prête, *l'un à l'autre* est debteur.
> (p. 48)

La longue description physiologique donnée à l'appui modifie même de façon très sensible les théories du *Conciliator*, somme médicale de Pierre d'Albano citée en note par M.A. Screech, pour les accorder avec ce postulat. Selon le compilateur, le

---

31 "La politique du don", *Journal of Medieval and Renaissance Studies*, 1978.

système sanguin est double : d'une part le système artériel ou "vital", issu du cœur et ramifié en artères dans tout l'organisme, d'autre part le système veineux ou "naturel", issu du foie, et ramifié en veines ; celui-ci a une fonction exclusivement nutritive, l'autre anime et échauffe le corps et, filtré à travers le "ret admirable", intervient même dans les fonctions cérébrales[32]. Selon Panurge, le foie et le cœur interviennent successivement dans un même processus d'affinage et de diffusion du sang obtenu à partir du système digestif, au bénéfice de tous les organes. Si le réseau artériel et le réseau veineux sont encore distingués, ils ont tous deux pour origine le cœur, et ne se séparent que par leurs fonctions (d'échauffement pour l'un, de nutrition pour l'autre). En somme, les deux concepts essentiels du mécanisme des "dettes", la fluidité et la réciprocité, sont maintenus à toutes forces, même contre l'orthodoxie médicale. Nous verrons tout à l'heure en vertu de quelle exigence le principe de réciprocité est finalement enfreint. Il faut d'abord préciser le véritable modèle de l'ensemble du système.

Il se trouve bien dans la gestion des dettes, sous sa forme la plus technique : la pratique du "change par art" en usage chez les marchands-banquiers, qui a fait de Lyon, jusqu'au milieu du XVIème siècle, une sorte de capitale financière de l'Europe. Il s'agit d'un mouvement d'aller-et-retour de valeurs, associé à des opérations commerciales. Soit un exportateur lyonnais E qui

---

[32] *Sanguis ratione continentis duplex est in praesenti : unus siquidem arterialis seu vitalis appellatus, a corde nascens, et per arterias ab eodem natas in totum diffunditur corpus : alter vero naturalis dictus seu venalis, generatus a hepate, a quo per venas in totum corpus dirigitur. In corde autem solum est vitalis instrumentum completum, postea spiritus vitalis tendens ad cerebrum per arterias digeritur in rete mirabili et in cerebro...* - cité par M.A. Screech, note p. 50. ("Le sang, en raison des vaisseaux qui le contiennent, est double en un même moment : il y a un sang en effet appelé artériel ou vital, venant du cœur à partir duquel il est diffusé par les artères, de même origine, dans tout le corps ; et un autre dit naturel ou veineux, produit par le foie, à partir duquel il est canalisé dans tout le corps par les veines. C'est seulement dans le cœur que se trouvent les ingrédients complets du sang vital ; ensuite l'esprit vital se dirigeant vers le cerveau est filtré dans le ret admirable et le cerveau...").

envoie des marchandises à un importateur florentin I pour les écouler sur le marché italien. Contre une lettre de change qu'il remet à son banquier B, de Lyon, il obtient l'équivalent en monnaie française de ce que vaudrait en France la somme en monnaie italienne payée par I. Transmise par B à un banquier florentin B', la lettre de change fera de celui-ci le créancier de I, qui s'acquittera en lui versant la somme qu'il devait à E. C'est là une simple opération de "change sec". Le "change par art" est pratiqué lorsque se fait le retour : un exportateur florentin E', contre une lettre de change remise à B', obtient l'équivalent en monnaie italienne de ce que lui paierait son importateur lyonnais I' en monnaie française ; et ce dernier se retrouve débiteur du banquier B auquel B' a transmis la lettre de change[33]. Dans ce schéma, forcément très sommaire, ce n'est pas le mécanisme du profit assuré aux banquiers qui nous intéresse (il se fait par encaissement, au passage, de la différence due au change, équivalant à la somme des seigneuriages prélevés à l'origine sur les monnaies) mais le mouvement d'aller-et-retour qui instaure une réciprocité de crédits et de débits entre les groupes considérés, et donne une fluidité inconnue jusqu'alors au mouvement des fonds, eux-mêmes apparaissant sous une forme fiduciaire, les lettres, qui ne matérialisent pas directement l'argent, mais la "dette", instrument des échanges. D'autant que c'est la partie visible du système : la théorie qui explique les

---

33 La description se fonde sur l'ouvrage de M.-Th. Boyer-Xambeu, Gh. Deleplace et L. Gillard, *Monnaie privée et pouvoir des princes*, Presses du CNRS, 1986, et sur leur article"Vers une typologie des régimes monétaires" du recueil *Monnaie métallique et monnaie bancaire*, Cahiers d'économie politique, L'Harmattan, 1990, p. 31-60. Ces travaux contestent les descriptions du change par lettre qui en font un camouflage du prêt à intérêt, en montrant que le profit des marchands-banquiers est assuré par la différence de valeur-or entre monnaies étrangères et monnaie autochtone, due au"seigneuriage" prélevé à la frappe de celle-ci.-- On notera que Rabelais était à Lyon (Nov. 1532 - Fév. 1535) précisément à l'époque où le rôle bancaire des foires de Lyon était contesté par les financiers génois, ce qui faisait des questions de change une affaire d'actualité.

gains des marchands-banquiers n'a pas été formulée au XVIème siècle, ni par la suite, et elle est encore objet de controverses entre spécialistes[34] ; cet aspect énigmatique n'est pas négligeable quant aux significations que nous commençons à entrevoir. Rabelais n'a sans doute ni compris totalement ni approuvé sans réserve ce mode étonnamment nouveau de transaction ; mais il a su en extraire ce qui pouvait servir à donner forme à son rêve de réciprocité, au prix d'une retouche qui change tout le sens de la pratique bancaire : il en a retranché le gain.

Il l'a même remplacé par son inverse positif — non la perte, mais le don. Revenons au modèle concurrent, de la physiologie. Il pourrait se clore sur lui-même, et célébrer l'harmonie d'un corps (physique, social, cosmique...) animé par un système d'échanges en circuit fermé, où chaque organe recevrait pour prêter, prêterait pour recevoir. Ce ne serait déjà pas si mal, si l'on songe à l'obsession de la hiérarchie et de ses aspects coercitifs qui commande mainte représentation de l'homme et de la cité à la Renaissance et devait inspirer, trente ans après le *Tiers Livre*, la *République* de Bodin -- sans parler des discours officiels. Mais quant à l'aspect économique d'un tel schéma, il correspondrait surtout à la pensée mercantiliste : à l'échelle de la nation, une accumulation de richesses en circulation interne, une sorte d'*avaritia* collective. Panurge propose tout autre chose : comme terme logique et dépassement de la réciprocité généralisée, le prêt à fonds perdu, aux générations à venir, par la procréation :

> Encore n'est-ce tout. Ce monde prêtant, devant, empruntant, est si bon, que, cette alimentation [par échanges intra-organiques] parachevée, il pense déjà prêter à ceux qui ne sont encore nés, et par prêt se perpétuer, s'il peut, et multiplier en images à soi semblables, ce sont enfants.
>
> (p. 51)

34 Voir le débat autour de *Monnaie privée et pouvoir des princes*, dans le recueil *Monnaie métallique et monnaie bancaire*, p. 111-147.

Suit la description d'un processus de synthèse des sécrétions séminales caractérisé par la collaboration de tous les organes du corps, dont chacun prélève un peu "du plus précieux de son nourrissement" pour l'envoyer "en bas", dans l'appareil génital proprement dit. Ainsi les "prêteurs et debteurs" deviennent tous *donneurs* de vie, mais par un nouveau geste d'échange, à l'intérieur du couple cette fois, assimilable à l'acquittement d'une dette mutuelle, "dont est dit le *devoir* de mariage" ; en prime, "plaisir, allégresse et volupté", puisque l'acte charnel, à la lumière de la générosité qui l'inspire, n'a plus grand'chose de la morne "obligation imposée aux chrétiens de satisfaire mutuellement leurs besoins sexuels raisonnables", que l'on oppose parfois sans rire à la présumée "fausse conclusion" de Panurge.

C'est bien de générosité qu'il s'agit, et de charité, vertu surnaturelle : toute cette fin est inaugurée par un dernier mouvement d'enthousiasme, avec la sentence : "Croyez que *chose divine* est prêter ; devoir est *vertu héroïque*" — autre chose donc que des vertus naturelles, ordonnées au bien de celui qui les pratique. Rabelais retrouve les accents du "lyrisme d'idées"[35] qui saluait déjà le monde de la réciprocité : "toutes autres vertus cessent, charité seule règne, régente, domine, triomphe..." (p. 47). La conviction est incontestable. Il faut voir maintenant ce qui problématise le tout.

Car incontestable aussi est la réplique de Pantagruel, qui "déteste les debteurs et emprunteurs" du chapitre III en dépit des "belles graphides et diatyposes" de leur laudateur, et entasse les allégations, de S. Paul, Apollonios de Tyane, Plutarque surtout, pour justifier son verdict. Inutile d'insister sur ce point, acquis il y a près de quarante ans et maintes fois réaffirmé depuis. Toute la difficulté est de comprendre le montage logique indiqué,

---

[35] V.L. Saulnier, ouvrage cité, ch. VII, p. 152. On s'étonne d'avoir à constater que tant de critiques ultérieurs ont pu s'obstiner à méconnaître ce que le *Dessein de Rabelais* avait si clairement exposé.

rappelons-le, par les titres de chapitres. Pourquoi Rabelais a-t-il tendu au lecteur le leurre d'un discours évidemment fallacieux suivi à distance d'une réplique irréfutable, au risque de lui faire méconnaître le message d'allégresse placé entre les deux, et déclaré solidaire du premier ? Il fallait qu'il eût vraiment à cœur le souci de produire l'effet qu'il pouvait escompter de cette étrange configuration.

Reprenons le schéma, sous sa forme la plus sommaire, mais en distinguant les catégories de l'énonciation (sophistique vs. philosophique) et celles de l'énoncé (faux vs. vrai). L'éloge "des debteurs et emprunteurs" est sophistique et la maxime qui le résume (il est beau d'emprunter, et de ne pas rendre) est mensongère. La réplique de Pantagruel est philosophique, et la maxime qui la résume ("Rien à personne ne devez, fors amour et dilection mutuelle ") est véridique. L'éloge "des prêteurs et debteurs" est sophistique, tout comme le discours qu'il "continue" et dont il reprend les principales "graphides et diatyposes" (essentiellement celles qui animent le cosmos et le "microcosme" qui lui est assimilé). Mais sa maxime essentielle est véridique, autant et plus que la réplique qui lui est juxtaposée (sans pour autant porter sur elle, d'après les titres) ; sa formulation ne fait même que développer jusqu'à l'hyperbole le précepte d'"amour et dilection mutuelle" mentionné au début de cette réplique. Et c'est encore trop peu dire : par anticipation, le discours du sophiste déplace l'accent de la citation du "saint Envoyé" utilisée par le sage pour prohiber l'emprunt, et lui restitue la fonction qu'elle avait dans le contexte sacré. S. Paul, en effet, inscrit cette formule à la suite des préceptes relatifs à l'attitude du chrétien dans la cité : respecter les magistrats, leur obéir, payer l'impôt, rendre à chacun son dû... — et il réintroduit, à la faveur de la restriction ("fors..." = sinon...), le thème dominant de la parénèse, la charité comme accomplissement de tous les préceptes :

> ... N'ayez de dettes envers personne, sinon celle de l'amour mutuel. *Car* celui qui aime autrui a de ce fait accompli la loi. En effet les préceptes *Tu ne commettras pas d'adultère, Tu ne tueras pas, Tu ne voleras pas, Tu ne convoiteras pas*, et tous les autres, se résument en cette formule : *Tu aimeras ton prochain comme toi-même*. La charité ne fait point de tort au prochain. La charité est donc la loi dans sa plénitude.[36]

L'enchaînement par "car" privilégie le second syntagme de la phrase en cause, seul à se raccorder logiquement à la suite, et transfigure soudain la leçon de droit civil en préambule de l'affirmation centrale de l'Evangile. Contre un prélèvement citationnel qui masque cette inflexion pour assujettir l'allégation à la thèse de Pantagruel, les "graphides et diatyposes" de Panurge ont par avance rétabli les priorités : "charité seule règne", dépassant et accomplissant les vertus préconisées par la sagesse humaine.

Mais sans caution humaine, justement, ou pour mieux dire sans caution du tout, puisqu'en vertu du rôle de filou assigné à celui qui prononce l'éloge on a toutes raisons d'y soupçonner une tricherie. Pour que le dispositif fonctionne, il faut écarter ce soupçon, peut-être par cet acte de foi en la parole de fantaisie que Rabelais appelle "pantagruélisme", cette "forme spécifique" attribuée à ses lecteurs "moyennant laquelle jamais en mauvaise partie ne prendront choses quelconques ils connaîtront sourdre de bon, franc et loyal courage" (*Prologue*, p. 18) — Mais qui nous dit qu'il faut supposer de telles dispositions en ce vaurien

---

36 *Epître aux Romains*, XIII, 8-10, trad. de la Bible de Jérusalem. Texte de la Vulgate : *Nemini quidquam debeatis : nisi ut invicem diligatis : qui enim diligit proximum, legem implevit.* *Nam : Non adulterabis : Non occides [...] et si quod est aliud mandatum, in hoc verbo instauratur : Diliges proximum tuum sicut te ipsum. Dilectio proximi malum non operatur. Plenitudo ergo legis est dilectio.* Même relation logique entre les deux premières phrases dans le texte grec : ...ὁ γὰρ ἀγαπῶν τὸν ἕτερον...

de Panurge ? — Rien, encore une fois, que notre parti-pris de jouer amicalement avec lui, c'est-à-dire d'écouter son boniment avec ce qu'il faut de confiance et, en dernière analyse, d'adhésion intime aux valeurs qu'il proclame en langage de fête. Le prologue du *Gargantua* invitait à révérer dans l'ivresse l'inspiration d'un adepte de Dionysos ; l'éloge des dettes invite à partager l'enthousiasme d'un bateleur ; le tout sciemment, puisque le risque de duperie est visible, mais par une libre décision d'assentiment ludique, aussi spontanée que le rire (de gaîté et de connivence, non de mépris, cela s'entend). Il y faut une bonne dose de "pantagruélisme" sans doute ; mais si dans les fictions même on ne devait faire crédit qu'aux saints et aux sages patentés, l'horizon serait bien étriqué, et l'on ne s'amuserait guère — sauf à se complaire dans un rire de mépris qui n'est pas le rire rabelaisien.

Reste à comprendre en dernier lieu le rôle de Pantagruel. Ses réserves sont nécessaires à la configuration logique ; elles s'accordent mal avec son personnage, tel du moins qu'il se dessinait dans le roman précédent, et même avec la notion qui porte son nom. C'est qu'il joue ici, comme l'indiquaient le toutes premières lignes du chapitre II, le rôle indispensable de repère. Il faut avoir en vue la norme pour mesurer la part d'aventure que comportent les divagations, quitte à se laisser séduire, plaisir aidant. De plus, si l'on songe au modèle économique dont s'inspire Rabelais-Panurge, on voit assez bien la raison des réticences de Rabelais-Pantagruel. L'avènement d'un système commercial et bancaire international, qui met en oeuvre des moyens de circulation des valeurs où l'on ne reconnaît plus les espèces sonnantes et trébuchantes, inaugure-t-il un réseau de relations fructueuses pour tous, ou une piperie à l'échelle européenne ? une véritable économie de réciprocité, ou un moyen particulièrement raffiné de gruger les naïfs ? En 1546, au début d'une période d'inflation et du déclin des foires de Lyon, on pouvait se poser la question[37]. Tributaire de ce modèle énigmatique, peut-être inquiétant pour le commun des mortels, l'éloge des dettes peut laisser perplexe si l'on songe au réel. Il ne saurait d'autre part être pris à la lettre : la condition sous laquelle les théoriciens du XVIème siècle approuvent le crédit et même l'intérêt, c'est que les fonds avancés soient investis en opérations productives — ce qui n'apparaît guère dans l'utopie du chapitre IV, bien au delà de ce souci, et était exclu d'emblée, au chapitre II, de la conduite effective, toute en dilapidations, de l'"emprunteur et debteur". Quant à la signification métaphorique de cet éloge, elle devrait obtenir l'adhésion, mais rien ne la garantit rationnellement. Elle n'est pas de l'ordre du discours ni des exemples ; de la vision plutôt, peut-être du délire. Les gens sérieux hésiteront, et resteront pris au piège des oppositions tranchées, "Comment Panurge loue...", "Comment Pantagruel déteste...". Il faut quelque témérité, peut-être un grain de déraison pour aller au-delà, vers "un monde autre" suscité par la magie du verbe.

Tout est donc agencé pour donner à ces chapitres initiaux du *Tiers Livre* une sorte d'instabilité logique, propre à suggérer, au moins à titre d'hypothèse, le principe d'une sophistique inspirée où la vérité peut surgir au détour des argumentations les plus captieuses, pour scintiller, éblouir parfois, sans pouvoir être

37 Voir sur ce point l'article de T. Cave,"Or donné par don", qui confronte avec l'éloge des dettes le *Tractatus commerciorum* de Charles Du Moulin, dont les positions sont rapprochées de celles de Pantagruel (p. 113), et conclut en distinguant dans l'éloge"les contours d'une mentalité ou d'un imaginaire mixte, où le nouveau commence à s'affirmer *à l'intérieur* d'un système en vigueur plutôt qu'au moyen d'une rupture" (p. 116). Comme système économique global, le crédit est à la fois préconisé et caricaturé par Panurge, si bien que par sa voix"le burlesque commencerait à dire l'impossible"(p. 116) — La formule est aussi juste qu'énergique.

définitivement confirmée et fixée comme le sont *a priori* les axiomes de la sagesse commune. Et ce qui vaut pour la configuration générale se répercute en effets déconcertants dans le détail des textes. Nous avons vu que le chapitre III, globalement réfuté comme mensonger par le réquisitoire de Pantagruel, comporte des invectives contre le "monde sans dettes", enfer du refus, qui sonnent juste. Inversement, on trouve au beau milieu de la célébration de la réciprocité universelle et de la charité qui l'inspire, dans le chapitre IV, une allusion à la *Farce de Maître Pathelin*, dans le même style dithyrambique et sur fond de dévotions superstitieuses, pour rappeler un instant la filouterie restée à l'arrière-plan. Ce n'est pas une raison pour refuser la bonne nouvelle annoncée par le farceur ; seulement ce qu'il faut de déviance pour empêcher celle-ci de se figer en certitude de prêche. De même dans le chapitre II, et en sens inverse, une première mise au point de Pantagruel, réfutant l'éloge manifestement aberrant des gaspillages que Panurge déguisait en vertus cardinales, comportait un argument étrange dans la bouche d'un évangélique :

> Mais en lieu de garder et observer les lois cénaires et somptuaires des Romains [...] vous avez fait Protervie, qui était entre les Romains sacrifice tel que de l'agneau Pascal entre les Juifs. Il y convenait tout mangeable manger, le reste jeter au feu, rien ne réserver au lendemain.

La prescription rituelle rappelée par la comparaison est de celles dont la signification "tropologique", analogue à celle des règles relatives à la manne de l'Exode, est agréée sans hésitation par l'exégèse chrétienne : c'est un acte de confiance sans réserve en Dieu, dispensateur au jour le jour de la nourriture matérielle et spirituelle[38]. Le sage censeur s'arrêterait-il ici à la lettre, sans

---

[38] Cf. par exemple les moqueries d'Erasme contre les théologiens qui méconnaissent ce genre de prescription dans l'Evangile même, *Eloge de la Folie*, LXIV, p. 89-90. Le renoncement à la prévoyance, en ce qui a trait aux

soupçonner le sens ? et son erreur serait-elle comiquement marquée par celle qu'il évoque, apparemment hors de propos, de lourdauds appliquant à une lamproie les paroles sacrées que S. Thomas prononçait en songeant à son hymne ? Car il a raison, bien évidemment, sur le plan de la prudence humaine ; mais qu'en serait-il si l'on oubliait celle-ci, et le réalisme qui la sous-tend, pour ne plus considérer que le "nonchaloir" (ch. XXXVII, p. 258) que peut symboliser l'inaptitude au gain et à l'accumulation des richesses ?

*

* *

L'inflexion que subit ici le roman ne corrige donc nullement la dérive en direction de la fantaisie et des aberrations, que l'on observe en lisant les deux livres précédents selon la chronologie de la fiction. Rabelais a bien remisé à l'écart les accessoires gigantaux et pseudo-épiques utilisés auparavant (provisoirement : il les réutilisera dans le *Quart Livre*) pour composer une fiction nouvelle, toute en dialogues. Mais cette mutation n'est pas due à un soudain accès de gravité, bien au contraire : la déraison ludique ne se projette plus à l'extérieur, en légendes pour rire, elle s'inscrit dans l'argumentation, dans les éclairages contrastés qui font varier ses enjeux et ses valeurs, dans les surprises du paradoxe et les pièges tendus au lecteur. Ce

---

biens matériels, est un lieu commun de spiritualité que Pantagruel lui-même exploitera au chapitre XXXVII du Tiers Livre pour faire l'éloge du"fou". Voir également la curieuse similitude, dans ce même chapitre II, entre les propos du narrateur sur la sérénité du géant ("Jamais ne se tourmentait [...]Aussi eût-il été bien forissu du déifique manoir de raison si autrement se fût contristé ou altéré. Car tous les biens que le Ciel couvre [...] ne sont dignes d'émouvoir nos affections..", p. 29) et ceux que Panurge rétorque à celui-ci à la page suivante ("Aviez-vous en soin pris me faire riche en ce monde ? Pensez vivre joyeux [...] Autre soin, autre souci ne soit reçu au sacrosaint domicile de votre céleste cerveau", p. 30) qui ne conduit pas au non-sens, ni à la gratuité ; nous venons d'entrevoir quelques-unes des significations qui se profilent aux détours de ces dialogues, gages de la notion de sophistique inspirée, qui devrait permettre de les interpréter "en la perfectissime partie" selon la règle du pantagruélisme. Seulement le jeu et ses turbulences sont désormais intimement liés aux débats, comme si les préoccupations humanistes qui semblaient parfois concurrencer la fiction du *Gargantua* avaient été contaminées par la verve irrépressible du *Pantagruel*, et y trouvaient, avec un nouvel élan, une certaine précarité.

C'est du moins ce qu'indiquent les premiers chapitres, qui déterminent l'orientation générale du livre. C'est aussi ce qu'indiquent plus discrètement les traits essentiels de son prologue placé sous le patronage de Diogène. Le nom du Cynique, à lui seul, ne caractériserait pas cette mutation. Il faut le mettre en concurrence avec le Socrate évoqué au début du *Gargantua* pour lui voir prendre une allure subversive ; et ce n'est même pas sûr, en raison du prestige qu'Erasme lui avait conféré en le plaçant auprès du stoïcien Epictète parmi ses "silènes "[39]. Mais on en jugera autrement si l'on considère le rôle qui lui est assigné. En réplique à l'agitation fébrile des Corinthiens tout occupés à leurs préparatifs de guerre, le philosophe des rues se livre autour de son tonneau à une gesticulation non moins fébrile, détaillée en plus de soixante verbes d'action ; et l'écrivain caractérise de même sa propre activité, en regard de celles de ses belliqueux compatriotes. De la part de Diogène, un simulacre d'action, destiné à tourner en dérision l'affairement de son entourage. De la part de Rabelais, spectateur de l'"insigne fable et tragique comédie" d'un conflit imminent avec Charles Quint... quelle entreprise au juste ? Il ne prétend nullement imiter les maçons des remparts ni les guerriers en campagne, il propose de les servir à table, de faire

---

39 Sur ce point, voir M.A. Screech, *Rabelais*, Gallimard 1992, p. 284-285.

danser les "musards", parmi eux, "au son de [s]a musette", et sutout de les abreuver du vin de son tonneau, c'est-à-dire des ses "sentences Pantagruéliques" qu'il sera licite d'"appeler Diogéniques". A s'en tenir au texte, le seul rapport entre celles-ci et l'anecdote citée tient à leur statut de simulacres : des gestes pour faire semblant, des mots pour rire, billevesées nées de l'ivresse. On sait depuis le prologue du *Gargantua* (devenu depuis les éditions de 1542 le prologue par excellence, au tout début de l'oeuvre) que cette ivresse est inspirée, et Rabelais le répète ici : "C'est mon vrai et seul Hélicon, c'est ma fontaine Caballine, c'est mon unique Enthousiasme" (p. 14) ; mais il n'est plus question de substantifique moëlle, ni du divin savoir de Socrate : l'ivresse et les balivernes du banquet, "cornucopie de joyeuseté et raillerie", valent pour elles-mêmes, signifiant d'abord leur propre gaîté, de même que les gestes de Diogène doivent être perçus comme une pantomime sans prise sur le réel pour que s'en dégage le sens parodique. Le risque envisagé est de déconcerter par un excès d'étrangeté formelle (la prépondérance des dialogues, comme chez Lucien), non d'être tenu pour futile, qualité presque revendiquée ici ; quant aux promesses, elles se résument en une formule sibylline adressée à ceux qui craindraient de voir s'épuiser le tonneau : "Bon espoir y gît au fond". La lecture de l'ensemble du *Tiers Livre* est nécessaire pour donner à ces quelques mots leur pleine signification. Retenons seulement, pour l'instant, que l'écrivain conjugue dans ce prologue l'enthousiasme dionysiaque dont il se prévalait au seuil du roman et la désinvolture du bonimenteur qui vantait les effets désopilants de son *Pantagruel*, sans que dans sa gaîté se profile autre chose qu'une attente — un *espoir* — de vérité ou de bonheur. Dans ces conditions, la substitution de Diogène à Socrate marque le passage d'une sagesse qui restait positive, si ironique qu'elle fût, à une sagesse paradoxale, provocatrice, à deviner dans la gesticulation incongrue d'un énergumène.

Ce qui ramène à l'innovation la plus évidente, et la plus surprenante au premier abord pour qui découvre l'ouvrage sans information préalable (donc en particulier pour le lecteur de 1546). Le titre lui annonce "le tiers livre des faits et dits héroïques du bon Pantagruel" ; il est confirmé par le premier chapitre, où le géant fait figure de triomphateur, et par celui-là seul. Ensuite plus question de faits héroïques ; encore beaucoup de "dits", et le prestige de l'autorité, mais sur un registre tout autre que celui de l'épopée ; et surtout surgit au premier plan l'acolyte bouffon et son intarissable bavardage. Nous avons examiné l'aspect textuel de cette substitution, analogue à celle qui avait laissé tout éberlué le grave Thaumaste ; il convient de la traiter aussi en termes de rôles, et de personnages : quel est-il au départ, ce Panurge qui éclipse le géant, quels sont les traits antérieurement fixés que le lecteur soucieux de la cohérence des types croira retrouver dans le boniment inaugural de sa nouvelle vocation romanesque ?

Il n'est pas nécessaire d'inventorier tout ce qui le caractérisait dans le récit précédent : le raccord avec l'éloge des dettes figure dans son dialogue avec Alcofrybas (auquel il est substitué comme propriétaire de la châtellenie de Salmigondin, que devait recevoir le narrateur en récompense de ce qu'il avait fait dans la bouche de Pantagruel. Pas par inadvertance : Panurge est désormais le meneur de jeu). — Il s'agit de chapardages : feignant de "gagner des pardons", il a changé frauduleusement sa menue monnaie contre des pièces de valeur supérieure. Alcofrybas s'en offusque : "Voire mais vous vous damnez..." (ch. XII, p. 97) ; Panurge se justifie par une équivoque sur la formule de réception des offrandes, puis en alléguant ses droits sur les biens ecclésiastiques. En ce point le dialogue subit une inflexion marquée par une anomalie textuelle :

> ... le pape Sixte me donna quinze cents livres de rente sur son domaine et trésor ecclésiastique, pour lui avoir guéri une bosse chancreuse [...] Ainsi je me paye par mes mains,

> car il n'est tel, sur ledit trésor ecclésiastique. Ho mon ami, disait-il, si tu savais combien je fis mes choux gras de la croisade, tu serais tout ébahi. Elle me valut plus de six mille florins. — Et où diable sont-ils allés ? dis-je, car tu n'en as pas une maille. — Dont ils étaient venus (dit-il) ; ils ne firent seulement que changer de maître...
>
> (p. 98)

Alcofrybas passe au tutoiement (jusqu'alors, il employait comme son partenaire le pluriel de politesse). Juste avant, une imprécision a confondu un instant la voix de Panurge et celle du Pape : l'escroquerie à la croisade ne peut être déclarée que par ce dernier, que cite Panurge[40] ; mais la somme détournée, six mille florins, n'est pas à la mesure d'un pape ; et surtout Alcofrybas l'impute à Panurge, puisqu'il lui demande ce qu'il en a fait. L'effet de surimpression est maintenu dans toutes les éditions ; non sans raison. Asssimilant en partie les deux prédateurs et incitant à les comparer, il fait apparaître la figure traditionnellement sympathique du petit filou qui gruge un personnage assez puissant pour pratiquer le vol à grande échelle ; dès lors les escamotages dans le bassin aux offrandes sont saisis comme des peccadilles en regard de la gigantesque escroquerie matérielle et spirituelle que constituait aux yeux des évangéliques la vente des indulgences. Cela suffit pour nouer une complicité entre Panurge et les braves gens (Alcofrybas, le lecteur) témoins de ses larcins : ce que marque le tutoiement.

Et le clivage s'accentue lorsqu'est expliqué l'emploi de cet argent : Panurge n'en a rien gardé pour lui. Tout est passé en oeuvres parodiques de charité (les dots que reçoivent les vieilles

---

40 L'édition Lefranc tente de pallier l'anomalie en séparant par un alinéa la réplique "Ho mon ami...", de telle manière que l'incise "disait-il" semble se rapporter à Panurge. Mais ce serait le seul exemple, dans le *Pantagruel*, d'une réduplication d'incise de ce type ; d'autre part, on voit mal comment Panurge pourrait avoir directement tiré bénéfice de la croisade.

débauchées pour pouvoir se marier, répliques bouffonnes de celles que le Pape distribuait à des jeunes filles pauvres, le Dimanche de Quasimodo[41]) ou de civisme (les procès contre les demoiselles à collets montés, les vidangeurs à "sentences" théologiques et les mules du corps judiciaire). Mais le plus important est l'aspect volatil que prennent les espèces monétaires entre les mains de Panurge : c'est ce qui est noté précisément au point de clivage du texte ("...six mille florins. — Et où diable sont-ils allés ? ") ainsi qu'à sa conclusion ("Fin de compte il avait [...] soixante trois manières de recouvrer argent, mais il en avait deux cent quatorze de le dépendre", p. 101), et s'accorde thématiquement avec sa dextérité d'escamoteur capable de faire "évanouir" les pièces de monnaie sur la table du changeur (p. 95-96). Sa dilapidation des revenus de Salmigondin, sa prédilection pour les ressources en négatif que constituent les dettes, s'inscrivent dans le prolongement de ces tours de passe-passe qui pourraient en esquisser le sens : contraire à la logique du profit à laquelle se conformerait un véritable escroc, c'est le refus viscéral de détenir et de thésauriser le numéraire, la propension à le faire circuler après l'avoir puisé dans la bourse des grands accapareurs (ici représentés par le Pape qui détourne l'argent de la croisade et trafique des indulgences), en le dispersant en largesses assorties à son code de paillardise et de subversion[42]. Le Panurge du début du *Tiers Livre* systématise le

---

41 Cf. le journal du voyage en Italie, de Montaigne, le Dimanche 2 Avril 1581, éd. F. Garavini, Gallimard 1983, p. 230-231 ; on notera que les bénéficiaires de cette"aumône des pucelles" avaient le visage entièrement voilé, comme les vieilles particulièrement hideuses de Panurge (p. 99 :"je leur faisais mettre un sac sur le visage").

42 Cf. l'article de T. Cave,"L'économie de Panurge : moutons à la grande laine" *RHR* n° 37, Déc. 1993, p. 7-24. Cet article, de portée plus vaste (il traite de tous les comportements économiques imputés à Panurge) insiste sur l'épisode de Dindenault, dans le *Quart Livre*, ce qui le conduit à des conclusions assez différentes, justifiées à l'échelle de l'oeuvre.

comportement qui avait valu à son homologue du *Pantagruel*, après un premier mot de réprobation, la complicité marquée par le tutoiement amical d'Alcofrybas — tutoiement qui persiste jusque dans la menace finale, "tu seras une fois pendu", à laquelle il répond par une plaisanterie assez surprenante pour accuser sa propension aux plus violents paradoxes, tout en consacrant sa vocation de *bon larron* :

> Et toi, dit-il, tu seras une fois enterré. Lequel est plus honorable, ou l'air ou la terre ? Hé, grosse pécore ! Jésus-Christ ne fut-il pas pendu en l'air ?.

*

*   *

La cohérence des rôles accentue à la fois les aspects inquiétants et les aspects séduisants de Panurge ; l'agencement de son éloge des dettes relève d'une sophistique sans masque par laquelle le cynisme du hâbleur débouche inopinément sur une utopie de générosité universelle ; enfin le prologue de 1546 remplace le "silène" Socrate par un autre "silène" bien plus déconcertant, Diogène gesticulant comme un saltimbanque, pour cautionner le jeu et l'ivresse avec à leur terme, en lieu d'acquis, un "bon espoir" dont l'objet n'est pas précisé. Tout indique, semble-t-il, que le *Tiers Livre* continuera sur la lancée des paradoxes et aberrations du *Pantagruel*, de plus en plus loin des fragments de discours édifiant où l'on a cru distinguer sans surprise les significations majeures du *Gargantua*.. Ce n'est là cependant qu'une inflexion initiale, à fonction programmatique, mais susceptible d'être démentie par l'organisation d'ensemble du livre. Pour valider l'hypothèse, il est nécessaire de passer à l'inspection synoptique de celui-ci.

III. SYMÉTRIE ET DÉSÉQUILIBRE :

le porte-à-faux.

Un homme s'interroge sur son destin : doit-il se marier ? sera-t-il cocu ? La question occupe à peu près tout le *Tiers Livre*, et l'expédition maritime du *Quart Livre* aura pour but l'oracle de la Dive Bouteille, qui devrait lui donner une réponse définitive. Si importante qu'elle soit aux yeux du personnage concerné, il est certain qu'elle ne saurait constituer que le thème, ou même seulement le prétexte d'une enquête d'intérêt philosophique plus général. Depuis longtemps les rabelaisants, et notamment M.A. Screech, ont mis en lumière les maximes de haute sagesse selon lesquelles Pantagruel tente d'éclairer son ami et de donner remède à sa perplexité. Elles relèvent du syncrétisme élaboré par Erasme et ses disciples entre platonisme, stoïcisme et surtout "philosophie du Christ" : on reconnaîtra sans hésiter dans les avis du géant promu conseiller les principes de l'indifférence d'Epictète envers les faits de hasard, et de la confiance avec laquelle les Evangéliques s'en remettent humblement à la Providence ; dans les arguties et tergiversations incessantes de Panurge, l'inconstance et la mauvaise foi de l'homme asservi à ses impulsions, aveuglé par l'amour-propre, toujours inquiet de voir ses illusions sur soi démenties par le réel... Ainsi se dessinent, de glose en traités, les linéaments de plus en plus serrés d'une somme de pensées édifiantes dérivées du livre jadis voué aux flammes. Mais pour procéder ainsi, il faut se faire juge plutôt que lecteur, s'inquiéter des vertus et vices des personnages au lieu d'entrer dans le jeu du roman. Car ce jeu a précisément pour effet de jeter quelque doute, d'emblée, sur la pertinence des leçons de morale auxquelles on tente de le réduire.

Les rôles des deux héros, d'abord, font difficulté. Projetons sur eux la lumière de l'irréprochable sentence stoïcienne qui devrait délivrer Panurge, dès le début, de son indécision devant le mariage et ses éventuelles infortunes : "N'êtes-vous assuré de votre vouloir ? Le point principal y gît : tout le reste est fortuit et dépendant des fatales dispositions du ciel" (ch. X, p. 80). Pantagruel préconise en corollaire l'attitude du chrétien engagé dans une entreprise dont l'issue ne saurait être assurée — "les œils bandés, baissant la tête, baisant la terre et se recommandant à Dieu au demeurant". Cela devrait écarter le souci des événements fortuits, et par conséquent le vain projet de les deviner. Or, contre toute logique, après la phrase qui devrait clore le propos, le même Pantagruel suggère le recours aux prédictions :

> ... Autre assurance ne vous en saurais-je donner. Or voyez ci que vous ferez, si bon vous semble. Apportez-moi les œuvres de Virgile, et, par trois fois avec l'ongle les ouvrant, explorerons, par les vers du nombre entre nous convenu, le sort futur de votre mariage.

Ainsi est inaugurée la première série des consultations, de type divinatoire. Et à chaque fois Pantagruel réitère son conseil, proposant lui-même à son compagnon d'interroger les songes (ch. XIII, p. 98), la sibylle de Panzoust (XVI, p. 123 - il a "mandé quérir Panurge" pour l'envoyer vers elle, en dépit des réserves d'Epistémon), le muet Nazdecabre (XIX, p. 139-140), le poète Raminagrobis (XXI, p. 151-154). Cet illogisme est marqué la première fois par un détail mineur, qui le redouble. A la longue liste d'exemples de vers prophétiques cités pour cautionner les "sorts virgiliens", Panurge a répliqué : "Ce serait plus tôt fait et expédié à trois beaux dés" (XI, p. 87). Pantagruel lui explique gravement que "ce sort est abusif, illicite et grandement scandaleux", faisant état d'une interdiction jadis décrétée par Gargantua, sur motifs religieux. Après quoi il conseille de sélectionner les vers de Virgile qui feront office d'oracles selon le nombre obtenu en jetant "trois dés sur cette table" (p. 88). Le diable du cornet serait-il neutralisé par le relais textuel ? ou faut-il croire que Rabelais aurait médité sur les ouvrages juridiques et théologiques traitant des *sortes divinatoriae* ou *consultatoriae* au point de ne plus savoir raisonner ? Il semble plus probable qu'il ait voulu attirer l'attention du lecteur sur l'inconséquence du sage, ou sur son ironie.

D'autant que ce trait ne fait que préparer à la découverte d'une autre anomalie, plus profonde, qui affecte toute la première série des consultations. Au terme de chacune d'elles, Pantagruel déchiffre dans la réponse obtenue des menaces de cocuage et autres mésaventures ; et lorsque Panurge, rétif à cette perspective, invente d'autres interprétations pour sauvegarder son espoir de bonheur, il le taxe d'aveuglement ou de perversité démoniaque. Pourtant, lui qui donnait priorité au "vouloir" sur les circonstances fortuites, il devait déceler comme vrai sens des acrobaties exégétiques de son ami l'affirmation obstinée de ce "vouloir". Tout au contraire, il ne s'attache qu'au déconvenues annoncées ; alors que Panurge, "au rebours", s'ingénie à conformer les oracles, de force, à son premier projet (VII, p. 64 : "J'ai la puce en l'oreille, je me veux marier "), comme s'il avait oublié son irrésolution, motif de l'enquête. En somme, le volontariste indifférent à ce qu'apportera la fortune incite à interroger le sort et s'inquiète des présages défavorables, et le perplexe refuse de renoncer au parti qu'il avait d'emblée adopté, et dont il prétend trouver partout la confirmation. Cet échange d'attitudes devrait jeter la suspicion sur le schéma reçu, du dialogue entre l'insensé et le sage, et, par corollaire, sur les valeurs qu'ils sont censés illustrer, directement ou par contraste : le jeu pourrait être plus retors qu'il ne semble.

De fait, qu'en est-il, dans un tel contexte, de cette "philautie" que Pantagruel, puis M.A. Screech et à sa suite presque tous les critiques universitaires de ces dernières décennies reprochent en chœur à Panurge, faisant de ce défaut la clef de son comportement et de la signification du livre ? La notion doit sa fortune à Erasme, qui l'a élaborée, comme le montre J. Mesnard[43], en croisant les critiques pauliniennes et augustiniennes de l'"amour de soi" (opposé à l'amour de Dieu et du prochain) avec la dénonciation socratique et aristotélicienne des illusions nocives de l'amour-propre. Par ce dernier trait, elle se distingue radicalement du "souci de soi", sorte d'égocentrisme excusable selon la sagesse antique et même selon les théologiens anti-quiétistes. De fait, la philautie est célébrée ironiquement dans l'*Eloge de la Folie* comme une puissance trompeuse dispensatrice de bonheur (elle permet à chacun de se complaire en soi), mais Erasme ne manque pas de montrer comment elle dégénère en arrogance hargneuse, notamment chez ceux qui prétendent détenir le savoir et l'autorité, et en poison spirituel. On se demande, comme V.L. Saulnier[44], à quels traits la déceler dans le Panurge du *Tiers Livre*, soucieux mais non pas satisfait de soi (exception faite de son attitude dans les quatre premiers chapitres, où cependant ni Pantagruel ni les exégètes ne diagnostiquent spécialement ce défaut) ; perplexe surtout, et toujours en quête de conseils. Il s'acharne sans doute à contester les avis et explications qui lui garantissent sa vocation de cocu : pour voir là de la "philautie", il faudrait se référer à une éthique de la lucidité qui lui commanderait de regarder pousser ses cornes, à une ascèse de détachement qui lui permettrait de les supporter avec patience, à une vertu de charité qui lui inspirerait plus de mansuétude envers le prochain appelé à caresser sa future femme, à une dévotion qui lui ferait rendre grâces à la

---

43 "Sur le terme et la notion de philautie", *Mélanges à la mémoire de V.L. Saulnier*, Droz 1984, p. 197-214.

44 *Le dessein de Rabelais*, éd. citée, p. 214.

Providence pour cette mortification salutaire. Il est peu de morales empreintes d'une telle sainteté, même dans les parages de l'augustinisme repensé par Luther...

— Mais c'est Rabelais qui formule ce reproche de philautie par la bouche de Pantagruel, en propres termes, transcrivant le mot grec et soulignant son équivalent français par une paronomase qui, note M.A. Screech, n'est pas là pour nous faire rire : "... et connais que Philautie et amour de soi vous déçoit" (ch. XXIX, p. 204 et n. 15). — C'est exact ; encore faut-il examiner le contexte précis de cette première et seule occurrence du mot. Pantagruel vient de prendre connaissance du rondeau de Raminagrobis, et il approuve :

> — Encore n'ai-je vu réponse qui plus me plaise. Il veut dire sommairement qu'en l'entreprise de mariage chacun doit être l'arbitre de ses propres pensées et de soi-même conseil prendre. Telle a toujours été mon opinion, et autant vous en dis la première fois que m'en parlâtes ; mais vous en moquiez tacitement, il m'en souvient, et connais que Philautie et amour de soi vous déçoit.

Le propos est spécifique, et ne permet pas d'étendre le reproche de "philautie" aux réactions de Panurge devant les autres consultations ; car il n'est pas question ici de menaces de cocuage, et le consultant n'essaie pas de réinterpréter le message à sa guise. Nous sommes renvoyés au début de l'enquête, au moment où après ses réponses en échos — "Mariez-vous donc"... "Point doncques ne vous mariez" — Pantagruel, se disculpant du grief de "sarcasmes, moqueries et redites contradictoires" (X, p. 80), formulait le principe de son volontarisme. Maintenant il réitère son avis, et retourne le reproche ("mais vous en moquiez tacitement, il m'en souvient") : c'est la résistance que Panurge lui opposait en riant sous cape qui est taxée de philautie. Et nous voici en présence d'un paradoxe inattendu : ce serait par arrogance ou complaisance en soi que Panurge refuserait d'"être arbitre de ses propres pensées et de soi-même conseil prendre" Ne te fie qu'à toi-même, conseille le sage avec autorité ; qui restera perplexe sera convaincu d'outrecuidance, pour n'avoir pas déféré à ce conseil[45]. A vrai dire, qui retrouvera son assurance le sera également, pour peu qu'à la maxime initiale d'autonomie succèdent des avis dissuasifs. Panurge fait preuve de "philautie" en hésitant sur son dessein de se marier, en dépit du conseil reçu ; si l'on admet la lecture commune, il en fait preuve aussi en le confirmant à chaque consultation, en dépit des avertissements défavorables. Le moyen d'échapper à ce piège dialectique refermé sur lui et sur le lecteur trop attentif aux préceptes ?

Ce serait inutile. Car ce n'est pas dans une telle aporie, ou dans des arguties propres à l'éluder, que se dévoilera le sens du livre. Bornons-nous à constater qu'elle fausse l'argumentation que l'on serait tenté de dévider à partir de quelques formules tenues pour capitales en raison de leurs résonances extra-textuelles et exploitées par inférences, sans trop d'égard à leur insertion : Erasme *et alii* voient dans la philautie un vice fondamental, analogue au péché originel, etc..., or Pantagruel prononce ce mot, donc... Il est même superflu de discuter l'acception du terme, en montrant que la philautie est moralement condamnable lorsqu'elle nous aveugle sur nos vices, mais tout au plus nocive lorsqu'elle masque nos désavantages présents ou futurs — et que la bruyante intervention d'Epistémon, à la fin du ch. XV, ne vise que cette dernière espèce d'illusion, sans la nommer philautie, du reste. Le débat ne résoudrait rien ; car nous sommes en présence d'un texte organisé de manière à brouiller les schémas tout prêts, à mettre les plus sûres valeurs à l'épreuve de l'incongruité, les idées les mieux établies à l'épreuve de la parodie sophistique. C'est le

---

[45] Cf. A. Glucksmann, *Les maîtres-penseurs*, Grasset 1977, p. 13-15.

propre de la ménippée ; et il importe de considérer d'abord la logique de son agencement, avec d'autant plus d'attention à ses indices que le jeu est plus complexe. Mais cette logique ne s'énonce pas directement, elle transparaît tout au plus en filigrane dans la composition du livre, les effets de corrélations, de contrastes, de cadrage et d'insistance propres à privilégier formellement les énoncés recteurs, à déterminer leurs incidences exactes et leur portée, à solliciter enfin les réactions appropriées. Bref, il faut la déceler. Par bonheur, pour toute la partie centrale du *Tiers Livre*, l'essentiel de cette tâche délicate a déjà été accompli, par Edwin M. Duval[46]. Les principaux acquis de ses analyses seront résumés ci-après ; s'y ajouteront quelques compléments et retouches, pour faire apparaître les anomalies qui dérèglent partiellement le dispositif textuel mis décrit par notre collègue, et en problématisent le sens.

*

* *

La structure mise en lumière par E.M. Duval est signalée par une singularité au centre du livre : les consultations d'Epistémon, de Her Trippa et de Frère Jan (ch. XXIV-XXVIII) n'appartiennent pas à la série prévue et contrôlée par Pantagruel (qui d'ailleurs les ignorera) et elles sont enclavées entre les deux dernières phases de la consultation (programmée celle-ci) de Raminagrobis : réponse du vieux poète et interprétation par Pantagruel. Une fois repéré ce groupe ternaire et, de ce fait, l'épisode central où il s'enchâsse, les symétries sont évidentes : de part et d'autre, les consultations divinatoires et les consultations

---

46 "Panurge, perplexity and the ironic design of Rabelais' *Tiers Livre*", *Renaissance Quarterly*, XXV, 3, 1982, p. 381-400.

de savants ; de part et d'autre encore, la consultation du sage par excellence, Pantagruel, et celle du fou, Triboulet ; et pour cerner le tout, deux ensembles de considérations juridiques sur le mariage, et deux éloges paradoxaux comme en exergue. E.M. Duval résume élégamment sa description par le schéma présenté ci-après.

Eloge des dettes (II-V)	
Mariage et loi : l'exemption de services (VI)	
Pantagruel (IX)	*Sagesse*
sorts virgiliens (X-XII)	
songe (XIII-XV)	*Divination*
Sibylle (XVI-XVIII)	
Nazdecabre (XIX-XX)	
Raminagrobis [a] (XXI)	
Epistemon (XXIV)	*Erudition sans humour*
Her Trippa (XXV)	
Frère Jan (XXVI)-XXVIII)	*Joyeuse ignorance*
Raminagrobis [b] (XXIX)	
Hippothadée (XXX)	
Rondibilis (XXXI-XXXIV)	
Trouillogan (XXXV-XXXVI)	*Science*
Bridoye (XXXIX-XLIV)	
Triboulet (XLV-XLVII)	*Folie*
Mariage et loi : les mariages clandestins (XLVIII)	
Eloge du Pantagruélion (XLIX-LII)	

En de telles compositions symétriques, le centre est privilégié. Il est occupé ici par la consultation de Her Trippa, caractérisée par son style péremptoire et agressif ; et celle-ci est articulée en deux parties (divinations effectives, divinations virtuelles) de part et d'autre d'une invective de Panurge elle-même composée de façon rigoureusement symétrique autour du reproche central :

> Il ne sait le premier trait de philosophie, qui est CONNAIS-TOI, et, se glorifiant voir un fétu en l'œil d'autrui, ne voit une grosse souche laquelle lui poche les deux œils.
>
> (XXV, p. 179)

Il est déjà significatif que surgisse en gros caractères, au centre absolu du livre, la maxime du sage par excellence, Socrate, juxtaposée à un proverbe évangélique qu'Erasme lui associe, dans les *Adages*, comme s'il en était un corollaire[47]. Mais plus significatif encore est le fait que Panurge allègue ces paroles pour condamner l'inconscience et la fatuité de Her Trippa, qui voue autrui à une infortune dont il est notoirement victime : reproche répercuté immédiatement, observe E.M. Duval, sur celui qui le prononce, lui aussi aveugle sur son sort et lucide sur celui d'autrui ; et derechef sur le lecteur qui se moque de l'inconscience de Panurge comme celui-ci se moquait de celle de Her Trippa, sans songer que lui-même pourrait n'être pas en reste de suffisance. Qui se plaît à condamner la présomption et l'aveuglement de son prochain, fût-il de papier, selon les lois d'une morale de l'humilité, Adages et Evangile en guise de Code, a toutes les chances de tomber sous la même inculpation, au degré supérieur. "Seigneur, je vous rends grâces de n'être pas comme ce publicain", dit le pharisien ; vais-je rendre grâces de n'être pas comme ce pharisien ? je m'exposerais aux sarcasmes d'un quatrième homme de bien, qui à son tour...

Comme on le voit, E.M. Duval nous ramène dans les parages de la "philautie", prise cette fois comme un problème de logique et d'herméneutique autant que de morale existentielle, et exhibée comme telle par un effet de composition — autrement dit, par le geste silencieux du scripteur, sans voix ni même identité

---

47 Voir *Adages* I, vi, 91 et 95 (cités et commentés par E.M. Duval, p. 397).

interposée (de personnage, ou de narrateur, toujours suspect depuis les facéties d'Alcofrybas, ou même d'auteur présent dans son oeuvre à titre de garant). Le message authentique serait donc bien là, sans paradoxe ni équivoque maintenant...

Oui. Et pourtant non. Car l'agencement décelé par E.M. Duval, irréfutable pour le chapitre central, comporte ailleurs une fausse symétrie. Aux quatre consultations divinatoires correspondent non pas quatre, mais trois consultations de savoirs : le juge Bridoye ne participe pas au banquet des experts. Et cette anomalie ne saurait passer inaperçue. Au ch. XXIX, lorsque Pantagruel décide des invitations, Epistémon propose d'aller en personne lui transmettre la sienne, pour une raison incidente (il veut lui parler de "l'avancement" de son fils) qu'approuve le prince (p. 207). Le narrateur signale son absence au début du ch. XXX ("le invités comparurent, *excepté Bridoye*", p. 208), et elle est de nouveau notée avec insistance par Pantagruel, à la fin du colloque :

> Le Timée de Platon au commencement de l'assemblée compta les invités : nous au rebours les compterons en la fin. Un, deux, trois... *où est le quart ? N'était-ce notre ami Bridoye ?*
>
> (XXXVI, p. 254)

Enfin, le motif de cette absence, exposé par Epistémon, est longuement commenté par le prince, qui anticipe à cette occasion sur la comparution du vieux juge devant le Parlement de Myrelingues, objet des chapitres XXXIX-XLIV. Lorsque Bridoye apparait, dans ce dernier cadre, pour expliquer sa façon de "sentencier les procès au sort des dés", il n'est pas interrogé sur le mariage ; car l'épisode qui lui est consacré est placé en enclave dans celui de la consultation du Fou, inauguré aux chapitres XXXVII-XXXVIII et continué aux chapitres XLV-XLVII : Panurge, déçu par les réponses des savants, a déjà pris le parti lorsqu'il le rencontre de ne plus chercher sa vérité ailleurs que dans la "folie", et cette perspective seule l'a délivré de l'angoisse : "Par mon âme, je le veux. Il m'est avis que le boyau m'élargit ; je l'avais naguère bien serré et constipé" (XXXVIII, p. 261)... En fait, c'est là une seconde anomalie, dont la première était un indice formel. L'imbrication en effet n'a aucune raison diégétique : rien n'interdisait à Rabelais de placer les cinq chapitres relatifs à Bridoye immédiatement après le colloque des experts, qu'il y eût participé ou non, et de présenter tout d'un trait, ensuite, l'éloge de la déraison, le changement d'attitude de Panurge et la consultation de Triboulet. La disposition adoptée marque le dessein de détacher Bridoye du groupe où il aurait dû figurer, selon le programme arrêté par Pantagruel, et de déséquilibrer ainsi ostensiblement la répartition des épisodes de l'enquête en faussant leur symétrie d'ensemble.

En la faussant, non pas en la détruisant. Elle reste intacte au centre, et aussi aux extrémités (où les deux éloges se correspondent manifestement, comme les Fanfreluches et l'Enigme en Prophétie dans le *Gargantua*). De plus, les corrélations de détails relevées par E.M. Duval à l'appui de sa description gardent leur valeur indicielle. Le texte est donc régi par deux modes d'organisation antagonistes : rangement méthodique par paires de séquences, et perturbation par déplacement d'un élément de séquence appariée (Bridoye, de la séquence des expertises appariée à la séquence des divinations) vers un lieu imprévu (l'enclave dans la séquence suivante, de la consultation du Fou). Et cet agencement fait ressortir non pas un principe d'intelligibilité (celui qu'a mis en lumière E.M. Duval, et qui, répétons-le, n'est pas abrogé) mais deux, dont la concurrence détermine une dynamique du texte plutôt qu'une répartition statique (une *dispositio*) de se composantes. Car la tension entre ordre et irrégularité, qui caractérise ainsi la configuration du livre, est l'illustration structurelle de son travail sur les significations : la maxime centrale de sagesse, "Connais-toi", est sollicitée vers ses virtualités ironiques par l'irruption, à la fin, de la déraison et de ses diverses énigmes — à commencer par celle de sa nature : de quelle(s) déraison(s) s'agit-il ?

*

* *

Lorsque Pantagruel incite Panurge, plus perplexe que jamais après la consultation des savants, à demander conseil "à quelque fol" (ch. XXXVII, p. 256), il inscrit ce dernier avis dans le droit fil du paradoxe paulinien de la "folle sagesse" de l'Evangile, repris par Erasme à la fin de l'*Eloge de la Folie* : supérieure à toute sagesse humaine et propice à la réception du don de prophétie est l'attitude de celui qui est parvenu à

> s'oublier soi-même, issir hors de soi-même, vuider ses sens de toute terrienne affection, purger son esprit de toute humaine sollicitude, et mettre tout en nonchaloir, ce que vulgairement est imputé à folie.
>
> (p. 257-258)

Le thème est bien connu, pour ne pas dire banal ; mais Rabelais ne le laisse pas intact. Car l'exemple qu'il cite immédiatement n'a pas de rapport bien net avec la folie évangélique : c'est celui de Seigny Joan arbitrant la querelle entre le rôtisseur et le portefaix. L'anecdote mérite un instant d'attention : elle conjugue le plus significatif des anciens rôles comiques de Pantagruel (le jugement qu'il a prononcé sur le différend de Baisecul et de Humevesne) et une thématique du simulacre dérivée de l'éloge des dettes.

Le portefaix a mangé son pain à la fumée du rôt ; le rôtisseur exige paiement pour celle-ci. L'autre réplique "rien n'avoir du sien pris, en rien ne lui être redevable. La fumée dont était question évaporait par dehors : ainsi comme ainsi se perdait-elle." Le fou emprunte une pièce d'argent au portefaix, la fait tinter sur le comptoir, et rend la sentence : "Le faquin qui a son pain mangé à la fumée du rôt, civilement a payé le rôtisseur au son de son argent". Rabelais a emprunté ce schéma juridique à Tiraqueau ; mais il y ajoute une pantomime intéressante. Pour inspecter le "tournois Philippus" que lui a confié le portefaix,

> ... Seigny Joan le prit et le mit sur son épaule gauche, comme explorant s'il était de poids ; puis le timpait sur la paume de sa main gauche, comme pour entendre s'il était de bon aloi ; puis le posa sur la prunelle de son œil droit, comme pour voir s'il était bien marqué.
>
> (p 260)

Le jeu est de rappeler ce qui matérialise la valeur de la monnaie — le poids de la pièce, sa teneur en métal précieux, la marque du prince gravée sur elle — et de l'annuler en même temps, par de pseudo-gestes de contrôle parfaitement inadaptés à leur fonction. Au terme de la scène, la pièce se résout pour le rôtisseur en un tintement, obtenu en paiement de sa fumée : le son et la fumée sont les exemples traditionnels de signes attestant la "chose" (*res*) sans avoir sa réalité palpable. Le public de "badauds" assiste ainsi à un échange d'impondérables réalisé à l'aide d'un objet dont la manipulation vient de nier les caractéristiques concrètes : c'est une fantaisie sur le *rien*, prise pour modèle de relations monétaires sans profit ni perte où l'argent ne serait rien que le moyen de faire circuler les marchandises, et pourrait même s'abolir en prenant la forme fiduciaire de la lettre de change, c'est-à-dire de la dette. Comme si Rabelais avait voulu pousser à la limite l'idée que la valeur d'échange, et ses signes, sont foncièrement conventionnels (contre Du Moulin, par exemple, qui trouvait absurde, de même que la plupart de ses contemporains, qu'une monnaie pût ne pas être précieuse par sa matière) ; ce qui était une des leçons des sophismes de Panurge. Nous trouverons dans les enseignements de la folie d'autres résurgences encore de l'éloge paradoxal sur lequel s'ouvre le roman. Bornons-nous pour l'instant à constater que cette anecdote qui définit un modèle provisoire de la sagacité des insensés relève d'une logique du leurre, de la fiction ou convention dissolvant le réel ; non d'une ascèse de renoncement, ni des ravissements extatiques.

Après l'exemple, le blason à deux voix (ch. XXXVIII) déploie les pouvoirs et qualités protéiformes du "fol" Triboulet. Sur deux cent seize épithètes, on en compte peut-être quatre ou cinq à connotations évangéliques ("céleste... prédestiné... élu... extatique..." — et faut-il vraiment retenir "fanatique", comme le pense M.A. Screech, pour raisons étymologiques ?) ; les autres, si flatteuses qu'elles soient, n'appartiennent pas à ce registre, mais plutôt à celui des grandeurs terrestres (18 lexèmes), mythiques et cosmologiques (une quinzaine), ou à des répertoires variés, sans valeur symbolique particulière. Plus loin, dans la consultation (ch. XLV), aussi bouffonne que celle de la sibylle de Panzoust ou de Nazdecabre, on ne trouve rien non plus qui puisse vérifier directement la présentation initiale en termes de spiritualité. Ensuite sont exposées, il est vrai, les considérations de Pantagruel sur le branlements de tête, comme symptôme de "la venue et inspiration de l'esprit fatidique" (ch. XLVI, p. 305) ; mais sont mêlés aux exemples classiques de la Pythie et des Ménades les contorsions moins convaincantes d'Héliogabale simulant des transes "entre les retaillats fanatiques", de personnages de Plaute, des "Gals écouillés, prêtres de Cybèle" et de la foule trépidante des bacchanales ; si bien que la conclusion, assurée, est que tous ceux qui vaticinent branlent la tête (p. 307), mais non pas que tous ceux qui branlent la tête vaticinent ; Rabelais pouvait attendre de ses lecteurs cette réserve de logique élémentaire, ou les secouer par les oreilles, comme les bons pédagogues cités en dernier exemple (p. 308).

Alors, pour conformer la "folie" célébrée dans le *Tiers Livre* à un modèle évangélique, faut-il recourir à Bridoye ? Il suffirait de reconnaître en lui, sinon la sainteté, du moins la "simplesse" et l'humilité du chrétien qui s'abandonne entièrement à Dieu, en laissant le hasard décider à sa place. En fait, E.M. Duval, dans un autre article[48], a démontré de façon décisive que ni les excuses que trouve Pantagruel pour lui obtenir le pardon (et non l'acquittement) de la Cour (ch. XLIII) ni les conjectures sur les interventions surnaturelles qui auraient pu faire sortir plus de quatre mille sentences équitables de son cornet à dés (ch. XLIV, et voir ch. XXXVI, p. 254) ne sauraient accréditer cette hypothèse. Le vieux juge a bien la tête éventée, mais pas du souffle de l'Esprit. Il est aussi imbu de son savoir, aussi ergoteur et formaliste que la plupart de ses collègues ("Comme vous autres, Messieurs... "). Et surtout il est rapace, et complice de la rapacité de tous les gens de justice, "mâchefaim praticiens, / Clercs, basochiens, mangeurs du populaire, / Officiaux, scribes et pharisiens" que Rabelais excluait de Thélème. Préparée par son allusion à la "maturité" des procès (fin ch. XL), puis par l'histoire de l'"appointeur" qui n'intervenait entre les plaideurs que lorsque "leurs bourses étaient vides" (XLI, p. 283), l'explication demandée par Trinquamelle au début du ch. XL, sur les délais et les "écritures" qu'il impose aux justiciables, résume l'essentiel de ce que l'on reprochait aux procédures et aux hommes de loi qui paraissaient les compliquer à plaisir :

> — Comme vous autres, Messieurs, semblablement les sergents, huissiers, appariteurs, chicaneurs, procureurs,

---

48 "The Judge Bridoye, Pantagruelism and the unity of Rabelais' *Tiers Livre", Etudes Rabelaisiennes* XVII, Droz 1983. Voir notamment les p. 41-42, auxquelles se réfèrera de nouveau le ch. VI de la présente étude.— Dans ce même article, E.M. Duval analyse un agencement symétrique, autour du plaidoyer de Bridoye, en rapport de complémentarité avec le système central, avec pour sens une invitation à l'indulgence évangélique (au bénéfice du juge, coupable mais pardonné) complétant la parabole de la paille et de la poutre associée au"Connais-toi". La description formelle est un peu moins convaincante que dans l'article précédemment cité, faute de marques textuelles analogues à celles qui désignaient le centre de l'épisode de Her Trippa. Mais sur le point qui nous occupe ici, la démonstration est irréfutable : Bridoye ne saurait être considéré comme un inspiré, ni excusé de ses pratiques judiciaires, sinon par une cour d'appel qui, en entérinant ses sentences, s'est montrée aussi insoucieuse que lui de l'équité et des modes d'enquête qu'elle exige.

> commissaires, avocats, enquêteurs, tabellions, notaires, greffiers et juges pédanées, de *quibus tit. est lib iii Cod.*, suçant bien fort et continuellement les bourses des parties, engendrent à leus procès têtes, pieds, griffes, bec, dents, mains [...]. Ce sont les sacs [...] *Hic no.* qu'en cette qualité plus heureux sont les plaidoyants que les ministres de Justice ; car *beatius est dare quam accipere, ff. comm., l. iii et extra. de celebra. miss., c. cum Marthae.*
>
> (p. 286-287)

Des 24 pages qu'occupe le plaidoyer de Bridoye dans l'édition de référence, 17 ont trait à cet aspect des pratiques du vieux juge. Il paraît presque incroyable, dans ces conditions, que l'on ait pu faire de ce "simple et désintéressé Bridoye" un exemple de "fou chrétien", proche de la sainteté, "choisi pour recevoir sous un aspect particulier le don de prophétie", en raison de "sa remarquable absence de 'philautie' "[49].Nous examinerons plus tard les propos (de Pantagruel ou d'Epistémon, selon les éditions) qui ont pu donner lieu à pareille méprise. Ajoutons pour l'instant, sur Bridoye, que sa manie d'interpréter de travers les textes juridiques, qui fait une bonne part de la force comique de l'épisode, est empreinte du littéralisme le plus obtus, simplement aggravé par la sénilité : il prend toute métaphore (à commencer par celle des *alea judiciorum*, expression à l'origine de tout le passage) au sens concret ; toute glose, jusqu'aux plus ineptes, comme vérité absolue. Ce dernier trait, à lui seul, suffirait à réfuter la réputation d'inspiré qu'on lui a faite : pour un érasmien juriste, théologien ou moraliste, Bridoye serait un "docteur de la Loi", incapable de dépasser la "lettre qui tue" pour accéder à l'"esprit qui vivifie" ; un pantin bon pour le Sanhédrin, le Parlement ou la Sorbonne. Tout au plus peut-il, selon la lecture d'E.M. Duval, donner lieu à l'indulgence des "pantagruélistes" décidés à "tout prendre en bonne part" (ch. II,

---

49 M.A. Screech, Rabelais, éd. citée, p. 355. Outre l'article cité, d'E.M. Duval, on consultera la note de V.L. Saulnier, *Rabelais*, XIII, p.176, qui réfutait déjà la béatification de Bridoye.

p. 29) et à s'abstenir surtout de condamner leur prochain ; ce qui permet de prendre la mesure de cette indulgence, précisément parce qu'il ne la mérite guère. Ce serait à vrai dire faire bon marché des intentions satiriques de l'épisode, encore plus flagrantes pour les contemporains de Rabelais que pour nous. Mais admettons que le "pantagruélisme" du pardon indique la perspective sous laquelle doit être considérée la conduite des personnages ; il ne définit pas nettement la fonction de la séquence.

Celle-ci est déterminée par l'anomalie structurelle qui la singularise. Bridoye, on l'a vu, n'est pas à sa place : magistrat, il aurait dû participer au colloque des savants, et y intervenir avec d'autant plus d'autorité que ses fonctions officielles le situent au point de croisement du savoir et du pouvoir — là où le jugement de l'expert se traduit en mesures coercitives, où la parole est action. Mais le voici propulsé par l'arbitraire du romancier au beau milieu de l'univers de la déraison qui vient de s'ouvrir devant Panurge enfin épanoui. En vertu de ce déplacement (ou plutôt par corollaire) il perd son statut imposant, est annexé par la folie pure et simple qui lui assigne son identité de fantoche, fait pour exciter le rire, comme Janotus de Bragmardo donné en spectacle de "momerie" dans le *Gargantua*. Son radotage de compilateur d'allégations ou de brocards, ses verdicts prononcés au hasard après d'interminables procédures, l'incroyable chance qui les a fait tomber juste (ou passer inaperçus ?) pendant quarante ans, tout s'inscrit dans un système de la fantaisie, régi par la logique des billevesées : son pour fumée, fiction pour feinte, invraisemblance pour absurdité...Les symétries repérables dans l'ensemble du livre en sont faussées, déséquilibrées. Selon le schéma concentrique, aux quatre tentatives divinatoires du début de l'enquête devaient correspondre quatre consultations du savoir humain. "Un, deux, trois... Où est le quart ?" — il est ailleurs : hors des parterres de la raison. Le juge a perdu le sens, et dévoile l'inconsistance de l'institution rationnelle entre toutes à laquelle il appartient : aucun de ses pairs ne s'en était jusqu'alors rendu compte !

Mais cette découverte n'a rien d'un désastre : elle fait surgir en porte-à-faux, en regard de l'échantillonnage ordonné des savoirs que Panurge explorait jusqu'alors, une autre configuration du monde, très visiblement ludique, sous la haute autorité du fou polymorphe dont Bridoye est un visage parmi d'autres, soustrait aux codes du sérieux comme les autres. Et la gaîté balaye toute velléité de réprobation chez le prince, et, chez le maniaque des consultations, jusqu'à l'idée de poser sa sempiternelle question : on est entré dans un autre système. Tel est le privilège exorbitant accordé à la "folie" : elle obtient l'indulgence pour le magistrat atteint de sénilité, suscite l'admiration pour l'astuce de Seigny Joan et la pantomime excentrique de Triboulet, institue en lois de l'univers, sous le contrôle des "Intelligences motrices" (ch. XLVI, p. 299) les plus improbables coïncidences. Mais surtout c'est l'architecture stable du livre qui s'ébranle sous son impulsion : valeurs, sens, vraisemblances, tout bascule dans l'aberration d'où surgira finalement, à l'initiative de Panurge, le projet de partir à l'aventure du grand large, en toute confiance, vers la Bouteille des révélations dionysiaques.

*

* *

A peine moins marqué, un équivalent de l'anomalie de structure qui signale ce dérapage vertigineux à la fin du livre, vers une déraison dont nous n'avons encore vu que les effets perturbateurs, affecte également la partie centrale — les trois épisodes hors série enchâssés dans la consultation de Raminagrobis. Leur groupement ternaire est en effet déséquilibré par la disproportion entre les deux premières séquences (Epistémon, Her Trippa) d'un chapitre chacune (respectivement de 116 et 190 lignes dans la version de 1552), et la troisième (Frère Jan) de trois chapitres (deux, mais par erreur, dans la version de 1546, qui ne comporte pas de chapitre XXVII ; le texte compte 392 lignes dans la version de 1552). De plus, la séquence ainsi privilégiée par sa masse est elle-même de structure ternaire, marquée en 1552 par sa répartition entre les trois chapitres, et dès 1546 par les deux kyrielles symétriques des blasons du "Couillon" qui encadrent le propos central, dont le titre en 1552 est singularisé par un qualificatif : "Comment Frère Jan *joyeusement* conseille Panurge". Autre particularité : la consultation de Frère Jan est la seule qui n'ait aucune attache avec la série programmée par Pantagruel. Car, quant aux deux autres épisodes de l'enclave, ils sont assimilables d'un côté à des consultations de savants (Epistémon et Her Trippa sont évidemment compétents dans leurs domaines respectifs) et d'un autre côté à des consultations divinatoires (Epistémon recense des oracles, Her Trippa est expert en voyance) ; enfin, Panurge ne peut pas trouver plus de satisfaction dans les réponses amicales mais évasives de l'un, explicites mais malveillantes de l'autre, que dans celles qu'il collecte ailleurs. Frère Jan au contraire, l'ignorant attaché aux réalités bien charnelles, n'est pas loin de faire son bonheur. Il ne pouvait en être autrement : les deux gaillards sont faits pour s'entendre.

Sa réponse "en allégresse d'esprit" (ch. XXVI, p. 189) est d'abord et surtout une invitation au plaisir immédiat :

> — Marie-toi, de par le Diable, marie-toi et carillonne à doubles carillons de couillons. Je dis et entends le plus tôt que faire pourras. Dès hui au soir fais-en crier les bancs et le châlit. Vertus Dieu, à quand te veux-tu réserver ? Sais-tu pas bien que la fin du monde approche ?...

Et s'il ajoute une mise en garde, celle-ci est aussi "joyeuse" que l'indique le titre du chapitre qu'elle inaugure :

> Seulement aie égard et considération de toujours bien lier et continuer tes coups. Si tu y fais intermission, tu es perdu, pauvret [...] Si continuellement n'exerces ta mentule, elle perdra son lait et ne te servira que de pissotière, les couilles pareillement ne te serviront que de gibecière. Je t'en avise, mon ami...
>
> (XXVII, p. 192)

Panurge, acquiesçant avec enthousiasme, se promet toutes les félicités conjugales sur la foi des tintements des cloches de Varennes et des mirifiques énergies recélées en sa braguette. Quant à la question du cocuage, qu'il pose quand même, le moine la résout assez gaîment pour le "réconforter" (titre du ch. XXVIII) :

> — Il n'est (répondit Frère Jan) cocu qui veut. Si tu es cocu, *ergo* ta femme sera belle ; *ergo* tu seras bien traité d'elle ; *ergo* tu auras des amis beaucoup ; *ergo* tu seras sauvé. Ce sont topiques monacales. Tu n'en vaudras que mieux, pécheur. Tu ne fus jamais si aise. Tu n'y trouveras rien moins. Ton bien accroîtras davantage. S'il est ainsi prédestiné, y voudrais-tu contrevenir ?
>
> (p. 197-198)

Cet assentiment aux destinées, où l'on pourrait distinguer les principes du plus allègre hédonisme stoïcien (couple de termes admissible : pensons à Montaigne), est assorti d'une kyrielle d'apostrophes pas très encourageantes, à les prendre au sens littéral ("Couillon flétri, couillon moisi... ") — mais on sait comment doivent s'interpréter les "mots de gueule". Panurge fait cependant la grimace, et rectifie à son désavantage l'oracle des cloches. Sa "fâcherie" (p. 201) ne devrait pas durer, car Frère Jan lui donne le remède : garder toujours au doigt le diabolique "anneau de Hans Carvel" — et, à en juger par la réaction de l'épouse de celui-ci ("Oui, Nenni, ce n'est pas ce qu'il y faut mettre" dit-elle du doigt passé dans l'"anneau ") le conseil n'est pas très différent de celui du chapitre XXVII : continuité de rigueur. Rabelais ne laisse pas à Panurge le temps de répondre ; il prétexte la fin de l'itinéraire pour couper court, et pour cause : afin que les investigations puissent continuer, il faut faire comme si la vraie réponse ne venait pas d'être donnée.

La vraie réponse : c'est-à-dire celle qui, sans souci de spéculations théoriques, s'accorde avec la volonté profonde du consultant et la "réconforte joyeusement" (accolons les deux indices donnés par les titres) en suscitant par fantaisie l'univers de fête qui la vérifierait en tous points. Il est clair que ces trois chapitres de priapées ne sont ni opposés, ni assujettis au précepte socratique inscrit au centre de l'épisode précédent. Ils lui adjoignent un corrélat ludique, érotique, un "Connais ton désir" nimbé de fantasmes d'allégresse : les extravagantes prétentions viriles de Panurge, les gaillards encouragements de Frère Jan poussent au paroxysme — et déjà du côté de la "folie" — la pulsion obstinée qui anime l'ensemble de la quête, jusqu'au regain de confiance qu'inspirera Triboulet et à sa formulation en lanternois.

La structure de la partie centrale des consultations, en exergue, et celle de toute la série de celles-ci, des sorts virgiliens à la réponse du fou, sont donc en rapport d'homothétie : dans les deux schémas, un défaut de l'équilibre statique de la *dispositio* en symétrie marque l'irruption du plaisir et de la fiction dans les considérations éthiques, et la solution inattendue de leurs apories. Des effets aussi surprenants sont réalisés par d'autres moyens dans la consultation de Raminagrobis, où s'enchâsse la partie centrale. Mis en corrélation avec la leçon socratique du chapitre XXV et avec l'interprétation donnée par Pantagruel au chapitre XXIX, le rondeau composé par le vieux poète signifie par sa syntaxe : "Prenez-la, ne la prenez pas...", une série d'impératifs contrastés à chaque vers renvoient le consultant à ses propres alternatives, lui laissant le choix, comme les répliques en écho de Pantagruel au chapitre IX (que le prince rappelle, on l'a vu, au chapitre XXIX). Mis en corrélation avec les priapées de Frère Jan, le rondeau signifie par sa sémantique, en figurant en termes à peine voilés des jeux érotiques et leur inlassable réitération, selon les conseils du bon moine et l'interprétation du regretté Pierre Vincent, seiziémiste aixois. Rabelais a retouché en ce sens quelques mots du rondeau emprunté à Guillaume Cretin. Au troisième vers, celui-ci avait inscrit un décevant "Et si la laissez en effet..." ; Rabelais met : "Si ne la prenez en effet...", ce qui ne suggère pas exactement la même chose, surtout compte tenu du vers suivant, "Ce sera œuvré par compas". Au sixième, à la place de "Différez, allez-y de fait", il écrit : "Reculez, entrez-y de fait" ; cela se passe de commentaire. Ensuite, il permute les phases des réitérations : "Défaites ce qu'était refait. / Refaites ce qu'était défait." (G. Cretin avait tissé le drap de Pénélope ou reconstitué l'Androgyne dans l'ordre inverse) ; modification sans grande portée, semble-t-il. Mais c'est bien le mouvement perpétuel, et l'hésitation, l'indécision typique de Panurge est simulée, ici, pour aviver et entretenir le plaisir. Ce qui, conjugué avec la métamorphose du cocuage en bonne fortune, dont s'est chargé Frère Jan, pourrait conduire à une conclusion insolite. Mais il n'est pas encore temps de la proposer : est d'abord nécessaire un détour en direction des idées simples — car elles existent, nous allons en rencontrer.

IV. FRAGMENTS D'UN DISCOURS ACCRÉDITÉ.

L'intervention de Frère Jan est une brève échappée, au cours d'une série de consultations suggérées par Pantagruel d'abord isolément et comme par occasions, ensuite selon un véritable programme établi par référence à la tripartition des intérêts fondamentaux de l'homme — le bien de l'âme, objet de la théologie morale, le bien du corps, objet de la médecine, les ressources matérielles, objets du droit — et complété par adjonction de la dialectique, de manière à se conformer à la "tétrade" de Pythagore et surtout aux quatre "facultés" de l'enseignement supérieur. Si Rabelais a voulu parler le clair langage du savoir, loin des complications de la sophistique panurgienne et du labyrinthe des "folies" de toute espèce, il s'en est donné la possibilité au moins dans ce banquet ou colloque philosophique auquel se rendent trois des spécialistes invités. Nous n'avons pas le droit de négliger cette possibilité, quelle que soit l'efficacité herméneutique du schéma d'ensemble décrit ci-avant ; car l'agencement du roman n'est pas assez visible pour interdire des lectures parcellaires, auxquelles se prête le morcellement de ses épisodes et la constitution, par endroits, de groupes apparemment assez cohérents pour prendre un sens autonome. Tel était le cas, dans les tomes précédents, de la lettre de Grandgousier à Gargantua (ch. XXVII du tome I) et de la lettre de Gargantua à Pantagruel (ch. VIII du tome II). Le banquet des savants pourrait jouer le même rôle, et présenter comme un concentré de signification, à titre de message ou simplement de repère.

Nous mettrons cette hypothèse à l'essai, en examinant simplement ce qui se dit dans cette phase de l'enquête, sans nous encombrer de considérations de technique narrative ou énonciative ; quitte à revenir ensuite sur ces autres aspects de la question, au cas où le recours à une herméneutique moins directe paraîtrait nécessaire pour résoudre des difficultés, que l'on ne saurait dire imprévues après avoir lu les seules informations données d'avance sur l'un des membres de la tétrade, le philosophe Trouillogan...

Rien de plus net, de plus sérieux, de plus autorisé que les réponses du bon père Hippothadée parlant "en modestie incroyable", dit le narrateur, comme pour écarter d'emblée tout soupçon d'attitude magistrale, et pratiquant en trois répliques une sorte de maïeutique propre à modeler le conseil sur les dispositions du consultant. Il n'y a vraiment aucune réserve à faire sur la justesse de ce conseil, pas même sur l'emploi de la "conditionnelle" qui fait sursauter Panurge, ce "si Dieu plaît" qu'il interprète comme une trop commode esquive de la question qui lui tient à coeur :

> Où me renvoyez-vous, bonnes gens ? Aux conditionales, lesquelles en Dialectique reçoivent toutes contradictions et impossibilités [...]. Si Dieu plaît, je ne serai point cocu ; je serai cocu si Dieu plaît. [...] Vous me remettez au conseil privé de Dieu...
>
> (ch.XXX, p. 211)

A "bien prendre" (c'est-à-dire à interpréter en bien, selon la règle du pantagruélisme) les paroles du théologien, on ne pourra y distinguer que la réserve qui soumet tout projet à la volonté souveraine de Dieu, comme il l'explique lui-même, en y ajoutant les recommandations que peut formuler un chrétien certain de trouver dans la Bible toute maxime propre à la conduite de la vie :

> Là vous trouverez que jamais ne serez cocu, c'est-à-dire que jamais votre femme ne sera ribaude, si la prenez issue de gens de bien, instruite en vertus et honnêteté, non ayant hanté ne fréquenté compagnie que de bonnes mœurs, aimant et craignant Dieu, aimant complaire à Dieu par foi et observation de ses saints commandements...
>
> (p.213)

Panurge lui-même ne présente pas d'objection. S'il récuse l'ecclésiastique, c'est en situant son discours sur le plan qui lui est propre, celui des valeurs et des préceptes qui en dérivent, non des événements. Peut-on dire qu'il n'a rien compris au sermon ? Rien ne l'indique ; en revanche, il a compris que c'était un sermon, qui ne trouverait d'efficacité que par confrontation avec les conditions concrètes de l'existence. Et le voici revenu à son problème : où trouver "la femme forte décrite par Salomon" ? dans les Ecritures ?

Rondibilis, médecin, est qualifié pour traiter de la réalité physique. Il n'y manque pas. Passé le long préambule sur les moyens de réfréner la concupiscence, plaisamment achevé par le cinquième de ces moyens et le plus au goût de Panurge, "l'acte vénérien" (vingt cinq ou trente fois par jour pour la "macération de la chair", précise Frère Jan, comme de juste), il pose que du fait qu'un homme est marié on peut déduire selon les "conséquences naturelles" qu'il "est donc, ou a été, ou sera, ou peut être cocu" ; ce qui, si l'on tient compte du dernier syntagme, n'est ni trop inquiétant, ni trop original. Mais surtout il ajoute à sa réponse d'amples considérations sur la sexualité féminine, assez alarmantes pour faire cataloguer Rabelais parmi les plus effrénés misogynes de la "Querelle des femmes" — ce qui se discute, d'abord parce que rien ne dit que Rondibilis est son porte-parole, ensuite et surtout parce que, cela supposé, il aurait le mérite de reconnaître un sujet désirant[50] là où trop souvent on voit un objet (d'émerveillement ou de mépris, ou de convoitise ; passif en tout cas). Les données présentées sont en principe anatomiques et physiologiques, purement naturelles par conséquent ; empreintes de maints fantasmes des hommes de la Renaissance sur les exigences charnelles de leurs compagnes, que Rondibilis décrit d'après des symptômes d'hystérie, elles paraissent rendre plausible la réplique de Panurge à Hippothadée : l'épouse selon Salomon, "je ne la vis oncques, que je sache". Bref, en dépit de l'ultime hommage aux "prudes femmes qui ont vécu pudiquement et sans blâme", le discours du médecin pourrait passer pour une réfutation par les faits des idéaux que le théologien présentait de façon si convaincante ; et nous nous retrouverions avec un couple de réponses contradictoires.

Ce n'est pas si simple. Car le discours de Rondibilis, lu intégralement, est lui-même entaché d'une contradiction flagrante. Le tout premier argument par lequel est justifiée la présomption de cocuage attachée aux hommes mariés est un exemple, des plus prestigieux qui soient : Hippocrate, partant en voyage, confie sa femme à son ami Dionys, lui demandant de l'héberger chez ses parents ; et il recommande en outre

> ce néanmoins, qu'il veillât sur elle soigneusement et épiât quelle part elle irait avec sa mère, et quels gens la visiteraient chez ses parents : "Non, écrivait-il, que je me défie de sa vertu et pudicité, laquelle par le passé m'a été explorée et connue ; mais elle est femme. Voilà tout".
> (XXXII, p. 226)

Ayant ainsi établi par l'autorité médicale vénérable entre toutes la nécessité d'un régime de haute surveillance pour l'épouse, si

50 Voir sur ce point les pages de Catherine Claude dans son *Rabelais*, Editeurs Français Réunis, 1972, p. 231-232.

pudique soit-elle, puis expliqué complaisamment les horrifiques appétits de l'"animal" tapi dans le corps féminin, Rondibilis expose à Panurge affolé, à titre de remède, l'apologue de Cocuage et Jalousie. Jupiter a oublié Cocuage dans la répartition des fêtes calendaires ; il répare son omission en lui attribuant le jour de la déesse Jalousie. Les deux divinités seront donc indissociables, et recevront le même culte, avec pour "sacrifices : soupçon, défiance, malengroin, guet, recherche et espies des maris sur leurs femmes" ; et il stipule que Cocuage délaisserait ceux qui négligeraient ces rites (autrement dit, ceux qui s'abstiendront de surveiller et de contraindre leurs épouses ne seront jamais cocus). Quant aux autres, ses dévots,

> adjointe fut promesse au contraire infaillible qu'à ceux qui (comme est dit) chômeraient sa fête, cesseraient de toute négociation, mettraient leurs affaires propres en nonchaloir pour *épier leurs femmes, les resserrer* et maltraiter par Jalousie ainsi que porte l'ordonnance de ses sacrifices, il serait continuellement favorable, les aimerait, les fréquenterait, serait jour et nuit en leurs maisons...
>
> (XXXIII, p. 235)

Nous pourrions en déduire qu'Hippocrate avait toutes chances de trouver le dieu à la maison pour l'accueillir à son retour de voyage, quelque galant s'étant occupé de la femme qu'il avait si soigneusement fait séquestrer et espionner. Sans aller jusque là, constatons que le "remède contre cocuage" qui est présenté sur le plan de la fiction (Rabelais ayant détourné un apologue d'Esope) est en désaccord avec les consignes données par le patron des médecins, et avec le cours de sexologie qui devait en démontrer l'opportunité, sinon l'efficacité.

C'est sur cet ultime avis cependant qu'il convient de s'arrêter ; pas seulement parce qu'il est donné en dernier lieu, et privilégié par les formules qui l'encadrent ("Entendez...", p. 231 ;"...J'ai dit." p. 235) mais surtout parce qu'il est repris et commenté avec conviction par Carpalim, Hippothadée, Ponocrates[51] et Epistémon, en tout un chapitre destiné à montrer "comment les femmes ordinairement appètent choses défendues". Encore un trait de misogynie ? Tout autre chose, en fait. Prenons la première formulation de cette tendance féminine : comme la foudre n'endommage que les objets résistants,

> ainsi ne bandent les femmes jamais la contention, subtilité et contradiction de leurs esprits, sinon envers ce que connaîtront leur être prohibé et défendu.
>
> (p. 236)

Il suffit de raccorder cette observation, ainsi que l'apologue dont elle dérive, avec le dernier des conseils donnés par Hippothadée, à la consultation précédente, pour retrouver l'éthique de Thélème, indissociable de sa règle de liberté. V.L. Saulnier a déjà fait le rapprochement entre le choix d'une épouse "issue de gens de bien, instruite en vertus et honnêteté, non ayant hanté ni fréquenté compagnie que de bonnes moeurs" (p. 213) et les traits spécifiques des Thélémites, "bien nés et bien instruits, conversant en compagnies honnêtes" (*Gargantua*, LV, p. 302). Mais ces mêmes Thélémites, "quand par vile sujétion et contrainte sont déprimés et asservis, détournent la noble affection par laquelle à vertu franchement tendaient, à déposer et enfreindre ce joug de servitude ; car nous entreprenons toujours *choses défendues* et convoitons *ce que nous est dénié*"

---

[51] Ponocrates, qui avait été simplement mentionné au chapitre XIV, reparaît ici, en 1552, pour raconter l'histoire des nonnes indiscrètes (attribuée en 1546 à Pantagruel). Juste après vient une apostrophe anonyme (à Rondibilis ?) : "Monsieur notre maître, vous soyez le très bien venu [...] Je ne vous avais oncques puis vu que vous jouâtes à Montpellier avecques nos antiques amis Ant. Saporta [...], et François Rabelais, la morale comédie de celui qui avait épousé une femme mute" (p. 239). Il semble que Rabelais ait voulu rassembler dans ce chapitre les personnages accrédités, et s'y nommer incidemment lui-même ; est-ce une façon de marquer l'authenticité du message ? Voir "Un silence signé Rabelais", à paraître dans les Cahiers *Textuel*.

(p. 303). Les femmes selon Rondibilis ne font rien d'autre lorsqu'elles réagissent aux tracasseries de leurs maris jaloux en leur faisant porter les cornes, dans la tradition des farces, fabliaux et chansons de toile ; et quand leur conduite est assimilée par Hippothadée à celle d'Eve tentée par le fruit défendu, et par Ponocrates à celle de nonnes enfreignant en chœur une consigne de discrétion analogue à celle de Pandore, Epistémon ajoutant l'histoire de l'ex-muette à la parole irrépressible, la variété des anecdotes laisse entendre qu'il ne s'agit pas seulement d'infidélité conjugale, mais de toutes les formes de transgressions sollicitées par les contraintes de la loi, de la convention ou même de l'infirmité. Si bien que nous sommes renvoyés à l'axiome le plus généreux de l'anthropologie rabelaisienne, bien au-delà des perplexités de Panurge.

Car le "Fais ce que voudras" des Thélémites ne prend tout son sens que par le double aspect de leur éthique : d'une part le principe positif de conduite, l'"instinct et aiguillon qui toujours les pousse à faits vertueux et retire de vice, lequel ils nommaient honneur", d'autre part sa traduction en rébellion contre toute "vile sujétion et contrainte". Par là leur liberté, loin d'être simple privilège concédé par une puissance supérieure[52], est volonté

[52] On impute généralement à Gargantua la formulation du"Fais ce que voudras", pour en conclure parfois, comme A. Glucksmann, que la liberté des Thélémites n'est que le déguisement d'une soumission spontanée à la loi du prince, d'autant plus aliénante qu'elle serait parfaitement intériorisée (*Les Maîtres-penseurs,* I, p. 12-15 et 21-23). Le texte, rédigé avec une extrême précision, paraît l'exclure. Le prince, puissance tutélaire, est là pour empêcher l'intervention d'une autorité contraignante, celle-ci enjoignît-elle aux Thélémites les actes les plus naturels :"Nul ne les éveillait, nul ne les parforçait ni à boire ni à manger, ni à faire chose autre quelconque. Ainsi l'avait établi Gargantua". Ensuite vient l'énoncé de"leur règle" (possessif qui peut se comprendre comme objectif,"la règle qui leur est imposée", ou subjectif,"la règle qu'ils ont adoptée" ; les premières lignes du chapitre exigent la seconde lecture, sous peine de contradiction). Enfin, au terme du commentaire, le présent, qui légitime cette"règle" par l'"instinct" vertueux des Thélémites, fait place par anacoluthe à l'imparfait d'habitude :"... lequel *ils nommaient* honneur" — comme pour réserver aux Thélémites le choix du mot

d'indépendance, et s'assortit au "devis" qui a déterminé initialement leurs conditions d'existence en fondant l'"abbaye". Ce projet, on s'en souvient, a été défini indirectement par Frère Jan, en réponse à Gargantua qui lui offrait les sièges abbatiaux de Seuillé, de Bourgueil ou de Saint-Florent :

> Mais le moine lui fit réponse péremptoire que de moines il ne voulait charge ni gouvernement : "Car comment (disait-il) pourrais-je gouverner autrui, qui moi-même gouverner ne saurais ? [...] Octroyez-moi de faire une abbaye à mon devis
> (*Gargantua*, L, p.280)

La première formule réfute le prétexte sous lequel se légitiment toutes les coercitions : les hommes ne savent pas se gouverner eux-mêmes, donc il leur faut des supérieurs, des juges et des gendarmes. Frère Jan retourne l'argument : si les hommes ne savent même pas se gouverner eux-mêmes, où trouver le supérieur, le juge et le gendarme habilités à gouverner autrui ? De cette aporie procède logiquement la clause d'anarchie (au sens étymologique) qui règlera la nouvelle abbaye "au contraire de toutes autres", donc au détriment des contraintes disciplinaires des couvents symbolisées d'emblée par leurs "murs", claustration génératrice de "murmures" hostiles. Et il ne faudrait pas que l'unanimité heureuse de ces Thélémites qui cherchent à "faire tous ce qu'à un seul voyaient plaire" (LV, p. 303) fasse oublier que leurs conditions de vie procèdent de la volonté d'indépendance d'un moine prompt à s'insurger avec

---

par lequel se transforme en valeur éthique et sociale la propension intérieure qui les anime. Tout fait concevoir la"règle" sur le modèle des dispositions coutumières, émanant de la communauté même et non pas d'une autorité supérieure (qui pourrait être celle de l'"abbé" ; mais justement celui-ci, à savoir Frère Jan, est absent de ce chapitre comme de tous ceux qui décrivent concrètement l'existence des Thélémites). — Sur cette question, et sur tout ce qui a trait à Thélème, on trouvera des analyses plus précises dans l'article des *Saggi e ricerche di Letteratura Francese*, XXVI (1987),"L'abbé de Thélème", dont dérivent les présentes remarques.

son bâton de croix contre ceux qui viendraient gâter la vendange, et à trucider en deux coups de braquemard les archers qui le retiennent prisonnier (XLII, p. 247-248).

Dans l'apologue de Rondibilis et les commentaires qui le suivent, la femme incarne cette indocilité, mais rien de précis n'est dit de sa propension à complaire à qui respectera son autonomie. Et pour cause : le médecin n'a insisté auparavant que sur l'aspect inquiétant de cette autonomie, ou plutôt des pulsions violentes auxquelles la réduit sa description purement physiologique. Si bien que l'ensemble de son discours reste contradictoire, écartelé entre le précepte d'Hippocrate et le mythe d'Esope-Rabelais sur le culte de Cocuage ; et Panurge, une fois de plus, se déclare insatisfait :

> — Vos paroles, translatées de baragouin en Français, veulent dire que je me marie hardiment et que ne me soucie d'être cocu. C'est bien rentré de trèfles noires !
>
> (XXXIV, p. 240)

On le comprend : quelle affection conjugale, quelle fidélité attendrait-il de l'espèce de nymphomane évoquée plus haut ? Il aurait besoin d'une confiance à toute épreuve, qu'exclut l'enquête même qu'il a entreprise. Et encore... L'exposé présentait la femme comme tributaire des mouvements incontrôlables de son utérus, asservie en somme à son organisme physique : rien qui rappelle la gracieuse liberté des jeunes filles de Thélème. Son correctif ne saurait suffire à rassurer Panurge. Il lui faudrait procéder en outre à un difficile travail de synthèse, entre les déclarations du théologien et celles du médecin, qui paraissent incompatibles et ne peuvent se concilier que virtuellement, par référence à un texte lointain, inscrit comme en marge du récit. Ce n'est pas son affaire ; et auraient mauvaise grâce à lui jeter la pierre les commentateurs qui pas plus que lui n'y ont songé.

Ce devrait être l'affaire du "Philosophe parfait", Trouillogan, qui selon Pantagruel "répond assertivement de tous doutes proposés" (XXIX, p. 206). La dialectique, sa spécialité dans le schéma des enseignements supérieurs, a justement pour fin d'établir les rapports entre l'universel et le particulier, entre les valeurs éternelles et les événements, entre le droit et le fait : entre la perspective d'Hippothadée et celle de Rondibilis. Et tout particulièrement lorsque surgit une contradiction à résoudre.

La première de ses réponses, adressée à Pantagruel qui lui a demandé "Panurge se doit-il marier, ou non ?", conjoint les propositions contradictoires que disjoingnait la question : "Tous les deux" (ch. XXXV, p. 242). Les deux suivantes esquissent un cercle : "Que me dites-vous ? — Ce qu'avez ouï. — Qu'ai-je ouï ? — Ce que j'ai dit". La quatrième, qui clôt la première phase du dialogue, exclut simultanément les contradictoires : "Me dois-je marier ou non ?" demande Panurge, et Trouillogan répond "Ne l'un ne l'autre". On a reconnu ce qu'Aristote dénonce comme l'aberration fondamentale qui disqualifie le pyrrhonien dans la joute philosophique, son refus du principe de contradiction : "Il ne dit ni *ainsi* ni *non ainsi*, mais il dit à la fois *ainsi et non ainsi*, et il dit également *ni ainsi ni non ainsi*" (*Métaphysique* III, 4, 1008 a) ; Rabelais s'amuse à intercaler entre les deux formules contradictoires une sorte de tautologie en deux temps, dont l'effet est de priver son objet (ici, un énoncé) de toute détermination. Celui qui par cinq fois est qualifié de "féal" (p. 206, 242, 244, 248, 252), comme un conseiller à qui on peut se *fier*, s'arrange pour ne pouvoir en effet être convaincu de tromper les consultants : il asserte tout indifféremment, et par conséquent rien[53].

---

[53] George Hoffmann propose une lecture différente, fondée sur le traitement des disjonctions exclusives par les logiciens scolastiques ("*Neither one nor the other and both together* : how Scholastic Logic can help explain Panurge's marriage question", *Etudes Rabelaisiennes*, XXV, p. 79-90) : la réponse"Ne l'un ne l'autre" n'est pas contradictoire si elle porte sur la question telle que l'entend Panurge :"dois-je me marier ou ne pas me marier ?" (à quoi

Pourtant ses auditeurs, exception faite du principal intéressé, Panurge, traitant ses paroles comme une énigme, en tirent un sens, et même plusieurs, concordants. Et cette phase de la discussion est marquée avec une certaine solennité par l'arrivée de Gargantua, ressuscité tout exprès par le romancier ; si bien que l'on est tenté de croire que sous une apparence déconcertante Rabelais donne à entendre ici, "à plus haut sens", son vrai message, sur la dignité du mariage et l'attitude que doit y observer l'homme soucieux de son autonomie (selon l'exégèse de Gargantua), de son équilibre (selon celle de Rondibilis) et surtout de ses devoirs de chrétien (selon le précepte de S. Paul cité par Hippothadée et glosé par Pantagruel). M.A. Screech a proposé cette interprétation[54], que l'on ne saurait récuser, ne serait-ce qu'en raison de la marque diégétique très insistante qui privilégie le passage : l'intervention inopinée du vieux roi, accueilli avec un extrême respect par toute l'assemblée, avec en outre une précision sur le nom de son chien qui renvoie au livre de Tobie, *exemplum* biblique du mariage (où le chien, à vrai dire, ne porte pas de nom). Reste à savoir cependant si l'on se trouve en présence d'une leçon définitive qui fixerait enfin le sens du débat. La suite du texte infirme cette hypothèse, sans pour autant diminuer l'importance du message. Car, comme le

---

Trouillogan répond qu'il n'y a pas d'obligation, dans un sens ni dans l'autre, comme l'ont déjà dit Pantagruel et Raminagrobis) ; elle serait contradictoire si elle portait sur la disjonction correcte :"dois-je ou ne dois-je pas me marier ?". Le philosophe a donc le mérite d'éclaircir une équivoque qui a jusqu'alors faussé les dialogues entre Panurge et ceux qu'il consultait. L'analyse est convaincante pour cette formule. Toutefois, pour l'appliquer à l'autre formule ("Tous les deux"), il faut admettre que Trouillogan répond alors qu'il y a obligation (du Fatum par exemple) dans les deux cas. De ce fait, la contradiction ressurgit entre les deux réponses (bien qu'elle soit levée à l'intérieur de chaque réponse). Il est donc légitime de se fier aux réactions des auditeurs, et de reconnaître l'aporie pyrrhonienne dénoncée par Aristote (et partiellement assumée par Sextus Empiricus, *Esquisses Pyrrhoniennes,* I, 19-21).

[54] *Rabelais*, p. 328-336.

fait observer T. Cave[55], Gargantua intervient encore au terme de la seconde phase du dialogue entre Panurge et Trouillogan, pour constater à regret l'impasse où conduit la diatribe pyrrhonienne :

> Loué soit le bon Dieu en toutes choses. A ce que je vois, le monde est devenu beau fils depuis ma connaissance première. En sommes-nous là ? Doncques sont hui les plus doctes et prudents philosophes entrés au phrontistère et école des Pyrrhoniens, Aporrhétiques, Sceptiques et Ephectiques ?... "
>
> (XXXVI, p. 253)

Et il quitte l'assemblée sans permettre à Pantagruel de le suivre, comme pour indiquer discrètement qu'il reste étranger à ces débats propres à une période nouvelle, de crise et d'inquiétude, lui qui a connu l'époque où la vérité semblait à la portée de l'homme, comme l'attestait la lettre enthousiaste qui forme le chapitre VIII du *Pantagruel*. Rabelais superposerait donc à la réponse la plus convaincante qui puisse être donnée au problème du mariage, sous l'autorité de S. Paul, de la Genèse et des sages anciens, une déclaration d'incertitude radicale, à la lumière de laquelle les propos échangés entre les deux phases de la consultation feraient figure de morale provisoire, à la manière de Descartes, non de réponse au doute.

Peut-être convient-il d'ajouter que de toute façon la signification extraite des premières répliques de Trouillogan était forgée par l'exégèse, selon des analogies très approximatives. En témoigne la pluralité des interprétations, où se remarque spécialement la nette divergence entre les deux gloses proposées successivement par Pantagruel. Il n'a été question ci-dessus que de la seconde, qui se conjugue avec celle

---

55 "Imagining scepticism in the sixteenth century" *Journal of the Institute of romance studies*, Oxford, I/1992, p. 193-205. — Les lignes suivantes, jusqu'à l'allusion à Descartes, procèdent de cet article.

d'Hippothadée pour formuler le "plus haut sens" par référence au texte sacré. La première est moins édifiante, jusqu'à résonner comme une fausse note dans le chœur. Gargantua vient de citer un mot d'Aristippe sur une courtisane, "Je la possède, d'elle ne suis possédé" (et le terme de "courtisane", qu'employait Erasme dans le texte-source, est éliminé, de manière à rendre la sentence irréprochable). Son fils ajoute un écho légèrement déformé :

> Pareille réponse (dit Pantaguel) fit une fantesque de Sparte. On lui demanda si jamais elle avait eu affaire à homme ; répondit que non jamais, bien que les hommes quelquefois avaient eu affaire à elle.
>
> (p. 245)

Ici encore Erasme est mis à contribution, et retouché ; mais pas dans le même sens. L'apophtegme qu'il avait cité donnait pour réponse de la jeune femme : "Non, dit-elle, c'est lui qui a eu affaire à moi" (*Non, inquit, sed ille ad me*) ; ce qui signifie, explique l'humaniste, que sa relation avec l'homme en question (*vir*, qui peut aussi bien signifier "époux ") n'était pas motivée par la concupiscence, mais par son obéissance à ses parents et aux lois — comprenons qu'elle acceptait, conformément à ses obligations d'épouse, les étreintes de celui que ses parents lui avaient donné pour mari. Rabelais emploie le pluriel, "*les hommes*", et suggère par l'adverbe "*quelquefois*" des rencontres occasionnelles : ce n'est plus la docilité d'une épouse, mais celle d'une fille galante, ou son dévergondage justifié par un *distinguo* humoristique ; en tout cas, le "sens moral" paraît bien compromis. On ne saurait tirer argument de cette plaisanterie pour discréditer les graves propos qu'elle vient perturber un instant. Est seulement accusé leur statut de gloses, aventureuses par leur structure même puisqu'elles se greffent sur un texte premier pour lui faire dire ce qu'il n'explicite pas.

Cela n'en diminue pas l'intérêt, mais les assortit aux autres enseignements recueillis auprès des experts : dans tous les cas un travail est nécessaire, qui à la fois élabore le sens et le frappe de précarité. Les préceptes d'Hippothadée devaient être combinés avec l'apologue de Rondibilis pour définir des règles de comportement en rapport avec la vie concrète, et faire entrevoir, au-delà, l'éthique de Thélème. Mais pareil montage, même s'il est suggéré par Rabelais, ne s'impose pas de lui-même ; ni Panurge, ni ses compagnons, ni la tradition exégétique ne l'ont effectué, et il n'est proposé ici qu'à titre d'hypothèse propre à donner plus de cohérence à l'ensemble des discours. Ajoutons que le résultat n'en est pas pleinement satisfaisant : une contradiction subsiste, dans l'exposé du médecin, entre l'exemple initial et l'apologue final ; ce qui pourrait être extrêmement significatif, mais sur un autre plan, disons fantasmatique, à examiner plus tard. Convient-il de déplorer cette incertitude ? Non seulement elle est assortie aux réactions de celui qui mène l'enquête — caricature de perplexité si l'on veut, mais par exagération bouffonne d'une attitude propre à la philosophie de tradition socratique — mais elle est cautionnée par la phase de cette enquête où l'on croit voir les pantagruélistes tout proches d'une conclusion : il suffit de mesurer l'écart entre les énoncés contradictoires ou tautologiques de Trouillogan et les préceptes de haute sagesse greffés sur eux, pour voir à quel point est arbitraire l'élaboration du sens ; si bien que ce qui devrait mettre un terme aux investigations constitue en même temps le modèle d'une herméneutique aventureuse, qui invente les significations plutôt qu'elle ne les déchiffre, et doit assumer sa témérité.

Dans ces conditions, on ne saurait privilégier la consultation des savants au point de tenir pour définitifs les avis qui s'y expriment, et d'en faire le message authentique du *Tiers Livre*. On ne saurait non plus la tenir pour parodique, comme l'est par exemple le catalogue de pratiques divinatoires débité par Her Trippa en guise de réponse à la question de Panurge. Ici les assertions ne se résolvent pas en radotage d'occultiste atrabilaire, elles ont un sens, ou les amis du consultant leur en donnent un, voire plusieurs assez plausibles ; simplement le sens est soit insuffisant, si l'on s'en tient aux déclarations explicites de chacun des trois experts, soit dénué de garantie, si l'on procède aux ajustements nécessaires pour retrouver par-delà ces déclarations les perspectives plus vastes entrevues dans l'ensemble de l'oeuvre, ou dans son contexte érasmien. On pourra donc, au mieux, reconnaître dans les acquis de ces consultations de simples repères, munis de ce qu'il faut de didactisme pour que l'on soit certain que tout ne se résout pas en extravagances, mais laissant subsister ce qu'il faut d'incertitude, de lacunes ou d'illogismes pour que l'on soit incité à poursuivre les investigations au-delà des repères, dans une zone moins bien explorée et peut-être plus prometteuse.

Il en est de même, de façon plus visible, de l'espèce d'épilogue hors enquête que forme au chapitre XLVIII l'esquisse de projet matrimonial de Pantagruel, développé en un vrai réquisitoire de Gargantua contre les mariages clandestins. Quelle que soit l'importance de cette dernière question aux yeux de Rabelais, et son acharnement à lutter contre l'ingérence des "taulpetiers" dans les affaires de famille, il semble bien difficile de trouver là une conclusion à la mesure du livre. En revanche, on peut encore y voir un repère, sur le modèle de celui que présentait, à la fin de l'éloge des dettes, la très raisonnable réplique de Pantagruel : bien loin en deçà des fantaisies, utopies, spéculations ludiques et investigations pour le plaisir, les normes du réel. En résumé : le mariage est chose sérieuse, et doit être conçu en fonction de la lignée, non de l'individu[56] ; pour un prince surtout, c'est un devoir d'état qui n'admet pas les tergiversations, et en contrepartie ne comporte aucun risque de perplexité ni d'angoisse pour celui qui veut s'y conformer : il lui suffit d'accepter la décision du père, incarnation de la loi

[56] Notons au passage que les mariages entre Thélémites étaient déterminés par leurs affinités ; mais il s'agit d'une utopie soustraite même au temps diégétique. Voir ci-après, ch. VII, p. 158-161.

dynastique. Quant à l'individu isolé, Panurge, qu'il s'en inquiète à sa guise : ses hésitations n'ont pas grande importance pour la cité.

D'où il suit que la question de son mariage, telle qu'il la pose, pourrait n'avoir pas grande importance non plus ; ni grand intérêt, l'enquête menée tout au long du *Tiers Livre*... A moins qu'il ne soit question, en fait, de tout autre chose que de mariage et de cocuage, ces thèmes de fabliaux servant de prétexte à des réflexions sur des problèmes plus complexes et surtout de plus grande portée. On s'en doutait un peu, à vrai dire, sutout depuis que V.L. Saulnier l'avait fait entendre[57]. On pouvait aussi s'en douter en voyant l'accoutrement que revêt Panurge pour annoncer son projet, au chapitre VII : comme le fait observer Pantagruel, "ce n'est la guise des amoureux ainsi avoir bragues avalades et laisser pendre la chemise sur les genoux sans haut de chausses avecques robe longue de bureau" (p. 64 — on n'apprendra que plus tard, ch. XXIV, p. 170, que Panurge a fait un vœu à S. François de Paule, fondateur des Minimes) ; de fait, si la robe de bure devait signifier quelque chose, ce serait plutôt une éventuelle entrée en religion, qui pourrait se concilier avec la paillardise, selon la tradition satirique, mais certainement pas avec le mariage. Tout commence donc par un signe inapproprié[58], que Panurge doit agrémenter des gloses les plus aberrantes pour lui imposer de force le sens conforme à sa fantaisie. Ce prélude pourrait fonctionner comme une silencieuse mise en garde : n'allez pas croire que ce qui vous sera dit coïncide tout naturellement avec ce qui vous est désigné.

---

[57] *Le dessein de Rabelais*, ch. VI et VII (éd. citée. p. 146-157). V.L. Saulnier ne néglige pas l'intérêt de ce problème du mariage (voir les ch. IX à XI, p. 161-169), mais le ramène à ses justes proportions.

[58] Cf. Françoise Charpentier,"Un royaume qui perdure sans femmes", *Rabelais's incomparable book*, rec. R. La Charité, French Forum pub., Lexington, 1984, p. 195-209 (sur la tenue de Panurge, p. 201 et 202). Cet important article sera discuté ci-après, au ch. VII.

Il pourrait aussi attirer l'attention, comme incidemment, sur la problématique du signe fallacieux, que l'on a quelque raison d'associer à Panurge lorsqu'on vient de lire *Pantagruel*, et qu'on se souvient de la mésaventure de Thaumaste.

Ce qui nous ramène aux investigations du *Tiers Livre*, mais plus spécialement à leur première phase, entièrement consacrée aux jeux et tricheries de herméneutiques inventées par les hommes pour répondre aux leurres des oracles. Car le dieu qui préside à ceux-ci, Apollon *Loxias*, "l'Oblique", maître des ambiguïtés, trouve en Pantagruel et Panurge des officiants à sa mesure.

V. PANURGE LOXIAS, OU L'ART D'ACCOMMODER LES ORACLES.

Nec deus hunc mensa, dea nec dignata cubili est

— Telle est la première réponse des "sorts Virgilianes" (ch. XII, p. 91). Ne l'imaginons pas limpide pour les latinistes du XVIe siècle. Au contraire, leur compétence même devait les mettre en garde : ce vers sur lequel s'achève la IVe églogue des Bucoliques appartient à une phrase notoirement controversée[59]. Le choix du passage semble dû précisément à sa réputation d'ambiguïté ; car il ne manque pas de vers de Virgile plus aisément adaptables à la prédiction que Pantagruel prétend en extraire, et lorsqu'il s'agira de faire prévoir à Panurge qu'il sera en outre "dérobé", la citation retenue sera parfaitement appropriée. Tout se passe comme si Rabelais avait voulu

[59] Le poète s'adresse au nouveau-né : *Incipe, parve puer, risu cognoscere matrem : / Matri longa tulerunt decem fastidia menses. / Incipe, parve puer : qui non risere parenti, / Nec deus hunc mensa, dea nec dignata cubili est.* (= Petit enfant, souris bien vite en reconnaissant ta mère : en dix mois elle a éprouvé de longs désagréments. Souris bien vite, petit enfant : qui n'a pas souri à sa mère, le dieu ne daigne pas le convier à sa table, ni la déesse à sa couche) — Le pluriel de l'avant-dernier vers (*qui non risere...*) est repris par un singulier (*hunc*) au dernier vers : exemple de syllepse du nombre selon Quintilien (IX, iii, 38). Mais la vulgate porte... *cui non risere parentes* (= celui à qui n'ont pas souri ses parents), leçon attestée par Servius, qui y voit une allusion à Vulcain, mal-aimé de Jupiter et de Junon ; et Scaliger proposait ... *qui non risere parentes* (leçon de la citation dans *l'Inst. Or.*) en faisant de ce dernier mot un accusatif pluriel, régime de *risere*.

commencer le jeu en appliquant ses règles à une configuration propre à les fausser.

Les explications des consultants ne sont pas de nature à y projeter beaucoup de lumière. A supposer que le lecteur connaisse la glose de Servius (qui voit ici une allusion aux rebuffades subies par Vulcain) et par conséquent ne s'étonne pas trop d'entendre Pantagruel affirmer que Panurge encourra la disgrâce de Minerve et de Jupiter, il pourra au moins se demander par quel détour cette hostilité prédisposera le malheureux aux déboires conjugaux. Comme déesses protectrices de la famille et de la fidélité, on connaît Junon, peut-être Vesta ; Minerve a d'autres compétences, et ses ressentiments, par ailleurs meurtriers, n'ont pas augmenté sensiblement le nombre des cocus de la Fable. Le mythe d'inspiration ovidienne qui l'exempte des métamorphoses en bestioles et consacre sa vocation guerrière ne paraît pas non plus fait pour l'inciter à se mêler des infortunes de Panurge. Bref, ce premier discours pourrait être une parodie des savants commentaires où l'érudition prolifère en détails curieux, mais sans rapport précis avec le texte ni avec ce que le scoliaste, par aventure, s'est proposé de montrer : la littérature humaniste ne manquait pas de modèles de ce genre.

Panurge n'est pas en reste de fantaisie.On lui saura peut-être gré d'avoir extrait Vulcain de la glose, et donné ainsi, pour une fois, un commencement de justification aux menaces que son ami lisait dans le vers pris pour oracle.Mais ce n'est que pour écarter l'hypothèse, qui seule pourtant donnait un semblant de pertinence à la citation, par une protestation arbitraire : "Par aventure ma femme sera aussi belle et avenante que sa Vénus, mais non ribaude comme elle, ne moi cocu comme lui" (p. 93). Quant à l'exégèse "au rebours", elle garantit la loyauté de la future épouse en l'opposant à Minerve "armée, rebourse, écervelée et extraite de cervelle" : l'argument n'est pas convaincant. Ne l'est guère plus l'enrôlement de Jupiter en qualité de "corrival", saisi surtout comme prétexte à une revue des frasques du dieu et de ses métamorphoses, avec au bout du compte le dessein arrêté de le châtrer, par mesure de prévention. Ici encore la mythologie burlesque est développée pour le plaisir ; il ne s'agit pas de déchiffrer des énigmes, mais de bricoler avec les matériaux légendaires fournis par la tradition.

Cette consultation inaugurale se distingue par l'incertitude objective de ses données : le vers prélevé n'est pas clair, et ne se rapporte pas immédiatement à la question posée, à la différence de tous les exemples célèbres que vient d'énumérer Pantagruel, au chapitre précédent, pour vanter l'efficacité de la divination par les "sorts Virgilianes". Elle se distingue aussi par la désinvolture du traitement que la parole du poète subit de la part des deux interprètes. Ceux-ci jouent ensemble avec le texte et l'intertexte fabuleux. Peut-être l'emploi du cornet à dés pour déterminer le numéro du vers, dans la page prise au hasard, accuse-t-il le caractère ludique de l'entreprise (ce que confirmeraient les plaisanteries sur le nombre obtenu, ch. XI, p. 89). En tout cas, Rabelais paraît éviter ici de nous donner des raisons de départager les opinions opposées, selon leur vraisemblance, leur sérieux, les autorités alléguées, etc... Il assigne à ses deux personnages des rôles de compères moqueurs, échangeant leurs quolibets, leurs sophismes et leurs facéties mythologiques pour s'égayer dans une joute amicale où chacun se moque de l'autre, et tous deux avec lui, probablement, du lecteur.

Est-ce seulement pour leurrer encore celui-ci qu'il s'amuse à traduire à contresens le vers prélevé dans l'*Enéide* à la seconde tentative ?

> *Membra quatit gelidusque coit formidine sanguis*
> Les os lui rompt et les membres lui casse :
> Dont de la peur le sang au corps lui glace.
> (p. 95)

Ce n'est pas sûr. La signification obtenue, appliquée à Panurge et à sa future femme, est équivoque : il s'agit bien de battre, mais lequel des deux battra l'autre ? Les deux interprètes ne peuvent se départager, une fois encore. Et surtout le comique est accru si l'on s'avise de leur commune erreur : Virgile ne décrivait pas des coups, mais le tremblement d'un corps secoué par l'épouvante[60]. Deux conclusions sont possibles, et ne s'excluent pas mutuellement : les consultants comprennent ce qu'ils ont envie de comprendre ; tiré de son contexte, un énoncé devient susceptible d'une plasticité suffisante pour que de tels détournements soient possibles, et même passent inaperçus.

Il semble donc que cette première consultation se déroule de manière à manifester méthodiquement l'incertitude de ses résultats, à en juger par l'impropriété des énoncés choisis par l'auteur déguisé en dieu du hasard, et par l'arbitraire des traitements auxquels ils sont soumis. Elle s'achève différemment. Le vers prélevé à la troisième reprise est d'une parfaite clarté, et Pantagruel n'a aucune peine à l'appliquer à une catégorie de désagréments fréquente dans les querelles de ménage des farces :

> *Foemineo praedae et spoliorum ardebat amore*
> Brûlait d'ardeur en féminin usage
> De butiner et rober le bagage.
>
> Il dénote (dit Pantagruel) qu'elle vous dérobera. Et je vous vois bien en point, d'après ces trois sorts. Vous serez cocu, vous serez battu, vous serez dérobé.
> (p. 97)

C'est la formule qui reviendra de façon quasi-rituelle dans l'exégèse des prédictions obtenues tout au long de cette

---

60 *Mihi frigidus horror / Membra quatit...* (En. III, 29-30 : c'est la réaction d'Enée lorsqu'il voit couler du sang humain d'un rameau qu'il vient de briser).

première partie de l'enquête. Elle donne lieu, ici, au premier coup de force du destinataire — la méconnaissance péremptoire de la signification : "Au rebours, ce vers dénote qu'elle m'aimera d'amour parfait". Pour garantie, la pseudo-paraphrase d'un passage de la satire de Juvénal contre la perversité féminine, selon lequel "*même amoureuse* une femme se plaît toujours à faire souffrir son amant et à le spolier" (et il ne s'agit pas d'agaceries de coquette, mais de domination tyrannique) : une allégation falsifiée à l'appui d'une contre-vérité. La troisième étape de la consultation donne le schéma qui sera le plus fréquemment employé dans les suivantes : plutôt que de prévoir son échec, le consultant interprète son annonce "au rebours" (autre formule rituelle) et s'installe délibérément dans l'erreur.

— Son lieu propre, à en croire le début de l'éloge des dettes. Mais aussi le lieu propre des modes de divination, si l'on doit juger d'après ce que l'on vient de constater sur les processus mis en œuvre dans l'un des plus prestigieux. Sur ce point encore, l'épisode inaugural a fonction d'indice. L'usage de tirer des pronostics de livres vénérés, que l'on ouvre au hasard pour déchiffrer comme signe la première phrase tombée sous les yeux, a au moins un précédent exemplaire : Saint Augustin, qui rapporte dans ses *Confessions* qu'en entendant un enfant du voisinage chanter *Tolle, lege*, il a "pris" le livre des Epîtres et "lu" une exhortation de S. Paul qui a décidé de sa conversion[61]. A défaut de texte sacré, difficile à mettre en cause comme tel dans une bouffonnerie, Rabelais a choisi l'œuvre du plus grand des

---

[61] *Confessionum lib. VIII*, xii, 29. Commentant ce texte, Erasme observe : *Hoc non multum aberat a sortibus Virgilianis, aut ab iis quibus ex scriptura temere arrepta futura quaerebantur.* Cependant, dans une de ses lettres (LV, 37 - Patrologie latine, XXXIII, 222) Augustin a désapprouvé la coutume de tirer au sort (*sortes legere*) dans les Evangiles (pour des questions profanes, il est vai) [note de P. de Labriolle]. On remarquera que dans l'anecdote des *Confessions* le recours à la lecture aléatoire est comme prescrit par le refrain"*Tolle, lege*" qui constitue un autre signe (en métalangage), envoyé par Dieu et non cherché.

poètes latins, et pour commencer, dans cette œuvre, la IVème églogue qui passait pour avoir prophétisé la conception virginale et la naissance du Rédempteur[62]. Et il a montré d'emblée que le texte pouvait être inapproprié, ou compris littéralement de travers, et recevoir de la fantaisie de l'interprète la signification attendue, ou aussi bien la signification contraire. Inscrite dans cette logique de falsification, la troisième glose panurgienne, toute fausse qu'elle est par rapport à un énoncé qui se trouve par chance clair et pertinent, renvoie simplement, sous la forme d'une caricature, au vice radical de l'entreprise : l'idolâtrie de la lettre, parole gelée traitée en oracle, et sa contrepartie inévitable, la désinvolture envers le sens.

En épilogue, un bref échange définit les positions des deux partenaires du jeu de consultation. Panurge proclame sa résolution de ne tenir compte des réponses que dans la mesure où elles seront conformes ou rendues conformes à son souhait : "Je prends ces trois sorts à mon grand avantage. Autrement, j'en appelle" (c'et-à-dire : je n'accepte pas la décision). La réplique de Pantagruel présuppose au contraire que les réponses sont considérées comme irrécusables, au même titre que des décisions de justice obtenues par voies aléatoires. Il n'est pas nécessaire de concevoir cet échange en termes de rôles ; l'essentiel est dans l'opposition entre le parti-pris de s'affranchir des verdicts du sort, par méconnaissance ou par refus, et l'enregistrement de ces mêmes verdicts selon un modèle juridique dont la pertinence n'est pas évidente (et qui sera

---

62 *Jam redit et Virgo, redeunt Saturnia regna, / Jam nova progenies caelo demittitur alto* (vers 6-7). — Cette "prophétie" virgilienne était prise au sérieux au XVIe siècle ; n'oublions pas cependant ce qu'écrit Rabelais du "Frère Lubin" qui prétendait trouver chez Ovide "les sacrements de l'Evangile" (Prologue du *Gargantua*). — On est tenté d'observer que le second passage prélevé correspond dans l'*Enéide* à l'*inventio* de la sépulture de Polydore, fils de Priam assassiné par son hôte : c'est un thème très fréquent dans la thaumaturgie médiévale, en rapport avec le culte des reliques de martyrs. Mais le troisième passage ne paraît comporter aucune particularité de ce genre.

immédiatement oublié, du reste, puisque l'enquête se poursuit). Si les pratiques divinatoires étaient présentées de manière à être prises au sérieux, on pourrait considérer la seconde position comme accréditée ; mais tout l'agencement de la consultation qui s'achève ici vise à dévoiler leurs aspects illusoires, et les suivantes, si différentes qu'elles soient, sont toutes entachées d'ambiguïté ou d'artifice.

Inutile de les inspecter en détail. La description de la "sibylle de Panzoust", dont l'attirail et les simagrées renvoient tantôt au stéréotype de la pythonisse, tantôt à celui de la sorcière, tantôt à celui de la vieille folle, ne peut guère accréditer ses révélations, exception faite du geste qui les signe. Il est logique de jouer avec les équivoques des vers sibyllins, comme le font Pantagruel et Panurge, dès lors que l'on ne peut prendre au sérieux la source dont ils émanent. La gesticulation de Nazdecabre rappelle trop celle de Thaumaste pour inciter à un déchiffrement qui a toutes chances de se résoudre en attrape-nigaud si l'on écarte l'impression première, de dérision et d'obscénité. Une information, au passage, paraît cautionnée par des autorités antiques : c'est le présage de l'éternuement à gauche, néfaste selon Pantagruel qui allègue Terpsion, récusé arbitrairement par Panurge. Pas de chance : l'autre référence alléguée à l'appui, le *De divinatione* de Cicéron, donne le côté gauche pour bénéfique, et l'éternuement pour insignifiant. En fait, dans les deux cas, les préambules soulèvent des problèmes philosophiques (sur l'acquisition du savoir, sur le langage...) agrémentés des facéties de Panurge, selon la formule classique des *joco-seria* ; mais l'épisode ne présente en fait de significations que des leurres, traités par la double exégèse comme prétextes à jeux verbaux où Pantagruel, comme au début, propose l'interprétation plausible, régulièrement défavorable, son compagnon imaginant "au rebours" le sens qui lui convient. On a reconnu le schéma du procès en fatrasies, dans le *Pantagruel*, auquel est ajoutée ici la phase herméneutique. Il n'y a pas lieu de s'attarder. Restent à examiner deux consultations très différentes entre elles, mais toutes deux d'un autre modèle que ces semblants d'oracles : l'épisode complexe de l'essai de divination par les songes, et, tout à fait exceptionnelle par sa fonction et son agencement, la consultation de Raminagrobis.

Le long préambule où Pantagruel traite des révélations oniriques, des autorités qui les accréditent et des précautions à prendre pour en bénéficier, n'est pas sujet à caution ; il expose en quelques pages très denses les principales idées accréditées auprès des médecins et des philosophes de la Renaissance sur ces phénomènes qui bénéficient alors d'un regain d'intérêt[63]. On peut considérer comme un indice de sérieux le soin pris à écarter comme "chose superstitieuse" l'emploi de divers talismans censés assurer la véracité des songes (XIII, p. 107). Le récit du rêve de Panurge, analysé selon les traités d'oniromancie, serait d'après F. Berriot manifestement défavorable : mariage, cornes, tambourin, métamorphose de la femme en oiseau nocturne et prédateur, tous les éléments de ce rêve sont de mauvais augure. Le déchiffrement de Pantagruel s'impose de lui-même. Celui de Panurge, "au rebours", présente les agréments d'une érudition agilement maniée, convaincante même sur le plan mythique au sujet des attributs de Bacchus, de Pan, de Jupiter Ammon, et propre à rappeler que le code qui fait des cornes un emblème de cocuage est tout aussi artificiel qu'un autre. L'arbitraire ne perce qu'à la fin, lorsque ne sachant comment expliquer la double métamorphose le hâbleur s'avise

63 Outre *Le songe à la Renaissance* (rec. F. Charpentier, RHR, Publ. de l'Univ. de Saint-Etienne, 1990, on consultera l'article de Fr. Berriot,"A propos des ch. XIII et XIV du *Tiers Livre*", *Réforme, Humanisme, Renaissance* n° 23 (Déc. 1986), très utile pour ses rapprochements avec les ouvrages sur les songes (médecine et oniromancie notamment) que Rabelais a pu connaître.

de faire du "tambour à noces" et de la "chouette" des emblèmes de joie et de beauté, envoyant au gibet qui ne le croira pas ; un refrain de chanson, pour finir, marque la désinvolture. Jusqu'ici, le jeu est le même que pour le troisième des "sorts Virgiliens" : après la glose plausible, la glose de fantaisie qui rétablit les droits du bon plaisir.

Il se complique lorsque Pantagruel, revenant sur le rêve, prétend juger globalement de sa signification d'après le contraste entre son début euphorique et sa fin en désarroi, et accumule les exemples légendaires fournis par Servius à l'appui de sa théorie : ce passage du plaisir au malaise serait mauvais symptôme et mauvais présage. Tout est compromis dans les dernières lignes, lorsque sont convoqués les "Cabalistes et Massorets" avec leurs spéculations sur les anges et les démons. Non que l'idée ne soit parfaitement reçue, au XVIème siècle, de l'influence d'êtres surnaturels sur les rêves ; elle est garantie par les Ecritures, par les théologiens, par les démonologues surtout. Mais elle vient brouiller ici les données herméneutiques. Si le songe de Panurge est du modèle de ceux qu'inspire l'"Ange malin et séducteur", père du mensonge, quel crédit lui accorder ? Par son discours, il annonce l'échec ; par son statut de suggestion démoniaque, il est fallacieux ; on est tenté de conclure que cette menace mensongère d'échec vaut présage de succès (ce qui serait téméraire aussi) : Pantagruel a voulu trop prouver...

Ce n'est pourtant pas ce point que relève Panurge. Il reprend la réplique spontanée par laquelle il avait interrompu d'emblée le discours de son ami pour donner une autre explication du malaise ressenti à l'éveil : "Voire, car je n'avais point dîné" (XIV, p. 113). On croit le voir éluder ce qu'il ne veut pas entendre, en jouant sur le dicton "ventre affamé n'a point d'oreilles" (XV, p. 117) ; mais si ce n'est que cela, comment rendre compte des résonances presque évangéliques de la prosopopée sur le repas du soir ? Nature a fourni le luminaire du travail...

> ... c'est la claire et joyeuse lumière du soleil. Au soir elle commence nous la tollir, et nous dit tacitement : "Enfants, vous êtes gens de bien. C'est assez travaillé. La nuit vient : il convient cesser du labeur et soi restaurer par bon pain, bon vin, bonnes viandes ; puis soi quelque peu ébaudir, coucher et reposer, pour au lendemain être frais et allègres au labeur comme devant. "
>
> (p. 118)

Ce changement de style marque fortement un changement de perspective, substituant le sens commun aux spéculations des théoriciens imbus de néoplatonisme, de mythologie et de cabale. Loin des causes occultes, des fantasmagories et influences démoniaques, c'est l'expérience toute naturelle du quotidien et de ses lois banales, malaise de la fatigue et de la faim, à dissiper par la nourriture prise en commun ("dont est dite la cène comme cœne", est-il précisé plus loin) ; après quoi est exposée pour rire, avec l'aide de Frère Jan, la "cabale monastique en matière de boeuf salé" où les "neuf leçons" (chiffre bien cabalistique, surtout quand il s'agit de textes scripturaires) mesurent le temps de cuisson du pot-au-feu.

Rabelais se borne ici à opposer aux interprétations des songes leur explication étiologique, par les troubles que provoque un jeûne inhabituel (Pantagruel en avait fait incidemment la théorie au chapitre XIII, en rappelant ce que disait Gargantua des "ermites jeûneurs" perturbés par les exigences de leur estomac, p. 102-104). En tant que médecin, il ne pouvait négliger cette façon de comprendre les rêves comme des phénomènes purement organiques, qui ne signifient rien d'autre que l'état du corps. En 1539, Scaliger avait publié chez Gryphe une édition commentée du traité des songes (*Peri enupniôn*) attribué à Hippocrate[64], qui distingue soigneusement

---

[64] Voir sur cet ouvrage, dans *Le songe à la Renaissance*, l'article de M.-M. de la Garanderie,"Quelques pages curieuses de J.-C. Scaliger", d'où viennent les présentes informations.

les songes "naturels", symptômes physiologiques, des "songes divins qui annoncent pour les cités et les individus des maux ou des biens" ; sont notées à ce propos les erreurs auxquelles s'exposent ceux qui confondent les deux catégories, et croient lire des présages là où il n'y a que déséquilibres humoraux. Dans son introduction, Scaliger n'en esquissait pas moins la théorie de l'éveil de l'âme dans le sommeil, en des termes assez proches de ceux qu'emploie Pantagruel, quitte à la solliciter dans un sens aristotélicien. En somme, les deux attitudes devant les phénomènes oniriques étaient proposées, sans exclusive, dans cette publication. En représentant un Panurge adepte de l'explication psycho-somatique qui récuse les conjectures herméneutiques de Pantagruel, et en plaçant à la fin de ces dernières une remarque propre à jeter le doute sur leurs apports, Rabelais ne voue pas le joyeux plaisantin à la dérision. On pourrait même soutenir qu'il cautionne discrètement son avis ; mais ce serait trop dire : l'exclamation finale d'Epistémon, à défaut d'être convaincante (puisqu'elle applique aux mécomptes l'apologue ésopique des deux besaces, qui a trait aux vices), imprime à la balance une légère impulsion vers les messages de la nuit, juste assez pour l'empêcher de basculer tout à fait du côté des amateurs de boeuf salé. Si sérieusement qu'elle soit traitée (et peut-être parce qu'elle est traitée sérieusement) la consultation des songes n'apporte pas de solution décisive.

Plus délicats paraissent les problèmes que pose la consultation de Raminagrobis. Elle est toute différente des autres, par le type de réponse que reçoit Panurge (un conseil, non un pronostic), par ses réactions après l'exégèse de Pantagruel au ch. XXIX (il ne réplique rien), enfin et surtout par la place très singulière de l'épisode dans l'agencement général et la fonction structurale qui de ce fait lui échoit (sur ce point, voir plus haut, ch. III). Mais le plus énigmatique pourrait être la digression sur les moines et sur les diables, qui occupe deux longs chapitres (XXII et XXIII, soit treize pages), pour un seul, de six pages, consacré à la consultation proprement dite et au préambule qui la justifie. Que signifie ce délire, et pourquoi prend-il place ici ?

Ici, c'est-à-dire en marge d'une des scènes les plus lumineuses de tout le roman. Pantagruel avait décrit d'avance la sérénité du vieillard protégé d'Apollon face à la mort, ou plutôt aux "anges, héros et bons démons" prêts à l'accueillir dans l'autre monde ; et en ajoutant aux "exemples antiques" celui de Guillaume du Bellay, qui sera de nouveau évoqué avec la même gravité au *Quart Livre*, Rabelais faisait résonner sa propre voix, avec des accents de ferveur, à travers celle de son héros. Mais la première image du poète mourant est au-delà de ce que l'on pouvait attendre :

> ... et, arrivant au logis poétique, trouvèrent le bon vieillard en agonie, avecques maintien joyeux, face ouverte et regard lumineux. Panurge, le saluant, lui mit au doigt médical de la main gauche, en pur don, un anneau d'or, en la palle duquel était un saphir oriental beau et ample ; puis, à l'imitation de Socrate, lui offrit un beau coq blanc, lequel incontinent posé sur son lit, la tête élevée, en grande allégresse secoua son pennage, puis chanta en bien haut ton.

Pense-t-on encore à l'objet de la consultation ? Ici l'agonie est transfigurée, devient l'aube d'une nouvelle vie que salue le chant du coq blanc, animal psychopompe associé à Hermès et au Soleil. Le message demandé est écrit à la hâte, pour prendre sens plus tard ; sur le moment, l'attitude, le symbole, puis les paroles anticipent sur "le bien et félicité que le bon Dieu a préparé à ses fidèles et élus en l'autre vie et état d'immortalité" (p. 156). La vérité qui s'exprime en ces pages n'est pas de ce monde.

Reste à comprendre l'étrange réaction de Panurge. Elle ne saurait s'expliquer simplement comme un accès de respect superstitieux pour les ordres monastiques ; et d'abord parce que ce respect est joué. Le titre du chapitre, "Comment Panurge *patrocine...*", fait du discours censé l'exprimer un exercice de rhéteur. Le début de ce discours, d'un style parodique à outrance, pourrait signifier "sous obscures paroles" tout le contraire de la vénération : sur un modèle cosmologique approximatif, l'activité des moines est donnée pour cause d'une trépidation de l'Eglise qui oscille sur son axe de rotation ("homocentricalement se trémousse") lorsque ses vaines spéculations qui faussent la Parole ("antonomatic matagrabolisme") sont troublées par des rumeurs d'hérésie ("embelurecocquée d'aucun baragouinage d'erreur ou d'hérésie") ; en clair, la première tirade signifie que ces moines qui dénoncent sans cesse des hérésies sont des fauteurs de troubles, si bien que l'expression cocasse de "gyrognomonique circumbilivagination" appliquée à leurs tournées de prédicateurs ou de quêteurs pourrait bien évoquer les périples de Satan au début du livre de Job, *Circuivi terram et perambulavi eam* (I, 7). Ajoutons que même si ce début en "antonomatic matagrabolisme" ne frappait pas d'inanité, par une sorte de déclaration initiale d'ironie, les éloges prodigués ensuite aux Cordeliers et Jacobins, une explication qui transfèrerait le problème du texte sur le personnage (du type : Panurge respecte les moines parce qu'il est superstitieux) serait factice, et dénuée d'intérêt. La question sera donc posée autrement : pourquoi trouvons-nous ici un florilège de croyances et d'attitudes que les évangéliques condamnaient sans hésiter comme superstitieuses ? Ensuite nous pourrons nous demander pourquoi ce florilège est débité par Panurge.

La représentation de l'assentiment du chrétien à l'approche de la mort, en attente du paradis, si intense qu'elle soit, reste anodine : tout croyant y souscrirait. Elle ne l'est plus lorsqu'elle est assortie du refus des épouvantails rituellement agités devant les mourants. Les paroles de Raminagrobis complètent son attitude extatique en ce sens, mais discrètement : à la limite serait admissible l'équivoque dont joue Epistémon pour édulcorer l'épisode : "Il parle absolument et proprement des puces, punaises, cirons, mouches..." p. 160). En le taxant d'"hérésie", en faisant mine de défendre frénétiquement des ordres monastiques, en convoquant enfin les fantasmagories utilisées précisément par les prédicateurs et confesseurs de ces ordres pour affoler ceux qui les écoutent et leur extorquer des offrandes, le bavardage panique des deux chapitres suivants fait ressortir en traits accusés le refus du vieux poète. L'insistance s'explique par la portée théologique de la question : est en jeu la conception de la grâce et du salut par la foi, sur laquelle Rabelais a pris des positions extrêmement précises[65]. Il faut que soient discréditées simultanément la doctrine propagée par les ordres monastiques et la thématique de l'épouvante, avec diables hurleurs et gueule béante de l'enfer, qui motivait des pseudo-conversions de dernière heure sans rapport avec la confiance du fidèle en son Rédempteur. Raminagrobis est l'image de cette confiance et du refus des prétendus intercesseurs humains ; les chapitres suivants sont destinés à faire rire de la grande parade de Belzébuth et de ses bonimenteurs, "les pauvres diables de Capucins et Minimes".

C'est matière de bréviaire bakhtinien : les diableries sont comiques[66]. Il n'est pas question évidemment de celui que Rabelais appelle "le Calomniateur", à l'oeuvre dans le secret des intentions, mais de la foule des diablotins comptés ici par paquets, trente mille hottées, trente mille panerées, trente mille charrettées, et censés amener l'âme de l'"hérétique clavelé" au lieu ultime du bas corporel, "droit dessous la selle percée de Proserpine, dedans le propre bassin infernal où elle rend

65 Voir M. A. Screech, *L'Evangélisme de Rabelais*.

66 Voir notamment, dans *L'oeuvre de F. Rabelais*..., les p. 265-266 du ch. III,"Formes et images de le fête populaire", sur les"diableries" des Mystères et leurs rapports avec le Carnaval, ainsi que les pages 380-392 du ch. VI sur les enfers comiques.

l'opération fécale de ses clystères" (p. 161) : d'emblée les formes les plus triviales de la thématique carnavalesque. D'autres suivent, à l'endroit où commence la comédie de la panique, sur un juron bien approprié :

> Le Diable m'emporte si j'y vais ! Vertus Dieu, la chambre est déjà pleine de Diables. Je les ois déjà soi pelaudant et entrebattant en Diable, à qui humera l'âme Raminagrobidique, et qui premier, de broc en bouc, la portera à messer Lucifer. Otez-vous de là ! Je n'y vais pas. Le Diable m'emporte si j'y vais ! Qui sait s'ils useraient de quiproquo, et en lieu de Raminagrobis grupperaient le pauvre Panurge quitte ?...

Bagarres, âme absorbée comme un fumet de vin, traitée comme un morceau cuisiné, avec équivoques ("de broc en bouc" : de broche en bouche, sans doute, mais avec homonymie du broc de vin versé dans l'outre en peau de bouc pour le transport, sans compter le bouc des sabbats), méprises sur les masques — tout renvoie au charivari. Le défi de Frère Jan, plus loin, est glosé par des traits semblables, inversant simplement la situation : de prédateurs qu'ils étaient les diables deviennent croquelardons bons à recevoir les coups d'épée donnés à tort et à travers dans les batailles, et n'en hurlent que mieux (p. 168). Le prestige des héros cités en exemple est carnavalisé de même, plus discrètement : Enée effraye les démons par son armure étincelante mais aussi par "son bragmard bien à point fourbi et dérouillé à l'aide et conseil de la Sibylle Cunnane" (p. 167) — on voit vers quel genre de bragmard cette forme insolite de l'adjectif "Cuméenne" oriente le texte, et le sens que prend ainsi le conseil final adressé au moine de choc (p. 168-169). Nous y reviendrons.

Passons aux dévotions. Abstraction faite de l'hommage aux "bons pères mendiants Cordeliers et Jacobins, qui sont les deux hémisphères de la chrétienté", dont l'inextricable phraséologie ne permet pas de tirer argument, on trouvera des stéréotypes de respect, "pauvres béats pères", "bons pères religieux", "bons pères de religion" etc..., avec des reproches pour qui en a médit et ne les a pas couchés sur son testament : "S'il est damné, à son dam !" (p. 164). Quelques plaisanteries aussi, qui ne tirent guère à conséquence, sur la goinfrerie de ces "pauvres gens qui n'ont que leur vie en ce monde" (p. 164, cf. p. 163 la "quadruple pitance" escomptée de leur intercession). Plus significative est l'anecdote insérée dans la diabolologie de Panurge : l'histoire de Jean Dodin et du Frère Adam Couscoil, "cordelier observantin de Myrebeau" (p. 164). C'est un exemple de plus de ce formalisme monastique illustré quelques chapitres plus haut par l'histoire de Sœur Fessue et de Dom Royddimet, avec en commentaire une sévère remarque de Pantagruel (XIX, p. 144). Mais ici, le franciscain de stricte observance se trouve assimilé à un diable : il a jeté à l'eau le receveur d'impôts qu'il portait sur ses épaules, avec sa bourse, afin de ne pas enfreindre l'interdiction de "porter argent" sur lui...

> ... *A cettui exemple*, frère Jan mon ami doux, afin que les diables t'emportent mieux à ton aise, baille-moi ta bourse : ne porte croix aucune sur toi. Le danger y est évident. *Ayant argent*, portant croix, ils te jetteront sur quelque rocher [...] ou *te laisseront tomber dedans quelque mer...*
>
> (p. 165)

Plus efficace qu'aucune invective, cette ruse du narrateur dément les formules de révérence et range les "piliers d'église" préposés au salut des laïcs parmi les diables qu'ils prétendent écarter. On ne saurait mieux suggérer que les pratiques de dévotion que propagent les ordres mendiants sont des pièges du démon.

Telle est probablement l'intention de Rabelais ; mais celle de Panurge ? Il serait téméraire d'imputer au personnage l'ironie de l'écrivain, alors que son discours peut si facilement se comprendre comme expression naïve de la terreur superstitieuse, destinée à provoquer les moqueries du lecteur capable de distinguer entre les lignes l'inanité de son objet. Après tout, il est le spécialiste des idées aberrantes, on le constate sans cesse depuis le début du livre ; et si l'on a pu entrevoir une fois au moins dans ses sophismes les linéaments d'une vérité qui dépasse la raison, ce n'est apparemment pas le cas ici. Jouons le jeu, par conséquent, et fermons les yeux sur les malices qui jettent le doute sur son délire ; essayons d'oublier aussi que le même personnage prononce successivement le monologue de l'épouvante et l'amplification sur deux pages du bref défi de Frère Jan : "Je ne m'en soucierais pas tant par aventure que l'on dirait, ayant mon bragmard en mon poing". Soit, Panurge a peur, et il a tort d'avoir peur. Comment cette frayeur s'inscrit-elle dans son rôle ?

Un retour sur la genèse du roman l'indiquera. En écrivant le *Pantagruel*, en 1532, Rabelais avait flanqué son géant d'un acolyte bouffon, en fonction de partenaire, de double parodique et à l'occasion de substitut. Dans la partie épique du roman, Panurge agençait le piège destiné à désarçonner et à faire rôtir les six cents chevaliers du roi Anarche rencontrés sur le rivage d'Achorie ; il dressait à côté du trophée de victoire le trophée culinaire des levraux pris par Carpalim ; il répliquait à la devise guerrière de Pantagruel, "il n'est ombre que d'étendards..." par une devise plus joyeuse, "Il n'est ombre que de cuisine, il n'est fumée que de tétins et cliquetis que de couillons" (ch. XVII). Dans le *Gargantua*, la logique de la fiction interdisait de faire apparaître aux côtés du père ce personnage rencontré par hasard et accueilli comme un inconnu par le fils. Rabelais invente donc Frère Jan, pour doubler les exploits de son héros par de grosses bagarres à coups de bâton de croix, et ses savants propos de table par des bavardages d'ivrogne ; cantonné dans les combats contre Picrochole, le nouvel énergumène est évidemment un guerrier, et distribue les horions avec enthousiasme. Pour le *Tiers* et le *Quart Livre*, l'auteur dispose donc de deux personnages pour un seul rôle d'acolyte parodique ; il les caractérise par des traits propres à les opposer : puisque Frère

Jan est bagarreur, Panurge sera poltron ; puisque le moine se moque des simagrées de ses confrères, Panurge les approuvera ; et peut-être Panurge est-il censé songer au mariage qui l'exemptera de service dans la mesure où Frère Jan est célibataire et aime la guerre... Ce ne sont là ni des caractères, ni des destinées ; des contraintes formelles, au départ, mises au service de l'invention. La répartition des rôles sera plus tranchée encore dans l'épisode de la tempête du *Quart Livre*, par traitement hyperbolique des expressions de la terreur et de la témérité ; mais elle détermine déjà la double réaction aux diableries imaginées près du logis de Raminagrobis, fuite panique de l'un, geste agressif de l'autre.

Cependant il n'importe pas outre mesure de savoir pourquoi c'est Panurge qui a peur, ou plutôt qui joue la peur si l'on tient compte des indices de distanciation ludique qui affectent ses propos. La vraie difficulté, et la plus significative, est de comprendre la présence de ces discours de la peur et du défi en marge de la consultation qui détermine toute la structure du *Tiers Livre* ; et, en corollaire, de définir leur rôle par rapport à l'ensemble de la quête de Panurge.

Raminagrobis est consulté, sur le conseil de Pantagruel, parce qu'il est mourant et accède à l'"art de divination" des esprits affranchis du temps. Sa réponse, qui d'ailleurs n'est pas une prédiction, ne reçoit au ch. XXII qu'un commentaire provisoire, très bref et indécis. Seule est objet d'attention son attitude face à la mort, d'abord présentée par le narrateur, ensuite exprimée par ses dernières paroles. Le même thème est développé, selon la perspective opposée, par les caricatures du recours aux "dévotes prières" et "saintes admonitions" des moines, et de la hantise des diables. Qu'elle soit accueillie avec sérénité, simagrées dévotes ou épouvante, c'est toujours l'heure du trépas qui est en jeu, et les fins dernières sur lesquelles elle s'ouvre, lumière divine ou fantasmagorie des danses macabres. Toute la lumière rayonne à partir du visage du vieux poète : il n'appartient déjà plus à la terre. Panurge, que le scénario du livre a engagé dans la recherche d'un bonheur tout humain et charnel, avec au plus loin de son horizon la perpétuation d'une lignée, ne considère que l'image négative de la mort, comme perte, arrachement au monde des vivants, chute dans les ténèbres. Ponctué par des formules apotropaïques ("Otez-vous de là ! Je n'y vais pas. Le Diable m'emporte si j'y vais ") le discours qu'il tient est tout entier refus, horreur de cette imagerie infernale associée par contiguïté aux prêcheurs qui s'en inspirent. Mais selon la logique carnavalesque il la rend comique par son excès même en y répandant une multitude de diables chahuteurs qui viennent l'animer de leurs braillements et de leurs bagarres : au lieu d'une danse macabre, le désordre d'une parade de cirque. Et le texte s'achève, par Frère Jan interposé, sur quelques images de pourfendeurs de diables, Enée, Jean-Jacques Trivolse, le Chérubin du paradis, les combattants enfin avec pour modèle Diomède qui fait hurler Mars, démon de la guerre, sous les murs de Troie.

Si l'épisode illustre ainsi les principales attitudes humaines devant la mort, de la sérénité au défi en passant par la terreur réelle ou simulée et le travestissement ludique, il forme antithèse avec la triade centrale qui s'y emboîte, ou plutôt avec ce qui constitue non le centre, mais le point de fuite excentrique de cette triade, la célébration des forces de vie et de plaisir dans les joyeuses réponses de Frère Jan, aux chapitres XXVI-XXVIII analysés plus haut. Deux indices le confirment. D'une part le rondeau de Raminagrobis, dont nous avons pu constater l'ambiguïté : précepte stoïcien d'autonomie et d'*adiaphoria,* il recèle aussi un *ars amandi* parfaitement assorti aux conseils de Frère Jan en même temps qu'aux hésitations de Panurge, si bien qu'il convient simultanément à la sérénité du poète mourant et à l'allégresse des bons compagnons. D'autre part, l'équivoque gaillarde signalée plus haut, sur le "bragmard" grâce auquel Enée peut terroriser les diables : exhibé au seuil des enfers selon le conseil de la Sibylle, prophétesse par excellence, mais d'une

Sibylle *Cunnane* en qui pourrait se reconnaître celle de Panzoust ainsi que la vieille de Papefiguières (*Quart Livre*, ch. XLVII), il fait de l'organe de procréation, très logiquement, l'instrument d'un défi terrestre aux forces de mort. Et le raccord à distance avec les priapées de Frère Jan est assuré à l'extrême fin de l'épisode, lorsque Panurge reprend le thème pour mettre en garde son compère :

> Mais quoi ? Nous parlons de harnois fourbis et d'épées resplendantes : ainsi n'est-il de *ton bragmard.* Car, *par discontinuation d'officier et par faute d'opérer,* il est par ma foi plus rouillé que la clavure d'un vieil charnier. Pour tant fais de deux choses l'une : ou le dérouille bien à point et *gaillard*, ou, le maintenant ainsi rouillé, garde que ne retourne en la maison de Raminagrobis.
>
> (p. 169)

Rouillé ou non lui-même, le moine ne manquera pas de lui renvoyer le conseil (ch. XXVII, p. 172 et XXVIII, p. 176), sans plus s'inquiéter de la mort ni de l'autre monde, enfer de carnaval ou lumineux paradis, entrevu dans la maison de Raminagrobis.

Ces indices sont ténus, et surtout allusifs : ils ne prennent de force que par la connexion qu'ils établissent entre la thématique des fins dernières, massivement présente en marge de la consultation du poète mourant, et celle de l'allégresse charnelle, développée par Frère Jan en complément du précepte central de connaissance de soi. Mais une fois perçu cet agencement, toute la série des tentatives de divination, et des contorsions dialectiques de Panurge pour en infléchir le sens, en est éclairée. A chaque fois il s'agissait de faire prévaloir ce que nous appellerions le principe de plaisir contre le principe de réalité, quitte à dévier vers la déraison : les sophismes exégétiques traduisaient et compromettaient en même temps cette volonté obstinée. Le rondeau de Raminagrobis, tel que le comprend Pantagruel, la ratifie comme choix, tout en refusant d'ajouter une prédiction de plus à celles qui étaient censées guider ce choix (et dont il fallait à tout coup fausser le sens pour rectifier la visée). Perçu thématiquement sur fond de conflit entre Eros et Thanatos, il cautionne mystérieusement la joie et les impulsions vitales d'Eros à partir du lieu de sérénité où réside celui qui l'a dicté. Cette signification ne se laisse pas fixer aisément. Mais elle rejoint les dernières phases de la quête de vérité inscrite paradoxalement dans les erreurs et sophismes du *Tiers Livre* : la consultation du fou, le message que Panurge prétend en extraire, la révélation fictive qu'il y surajoute, et le départ à l'aventure sous le signe du Pantagruélion.

VI. AVANT L'ERRANCE :

lanternois de Panurge, Pantagruélion d'Alcofrybas.

Accueillie avec enthousiasme par Panurge lorsque Pantagruel la lui propose, pour une fois sans admonestations, au chapitre XXXVII, la rencontre avec le fou Triboulet a toutes chances d'être un peu plus aberrante que les autres, ce qui en fait le prix. De fait, elle se singularise par sa place et par son déroulement. Assimilable à la recherche de pronostics qui traçait le programme de la première série de consultations, elle en est séparée par les avis réputés rationnels des experts, constituant la seconde série, puis par l'épisode hors cadre du procès de Bridoye ; annexées à celui-ci à titre d'épilogue, les réflexions des pantagruélistes sur les privilèges de la folie, qui la précèdent immédiatement, projettent sur elle un éclairage latéral, sans rapport direct avec la quête de Panurge. Elle se trouve donc placée comme en rejet, à la façon d'un bloc erratique, presque incongru. Quant à son déroulement, il ne paraît d'abord anodin que pour ménager une surprise propre à modifier en profondeur la situation et les rôles dessinés dans le *Tiers Livre*, et, finalement, toute l'orientation du roman. C'est ce dernier aspect, le plus clair, qui retiendra d'abord notre attention.

Dans les précédentes entrevues, Panurge s'acquittait d'abord strictement du rôle du consultant qui attend d'autrui la solution de ses problèmes ; il n'intervenait qu'après la dernière phase, pour fausser ou annuler le résultat. Silencieux ou déclarant son incompréhension devant les oracles, il laissait Pantagruel présenter une interprétation plausible, puis lui substituait la sienne, de fantaisie. Devant les experts, il écoutait, puis refusait leur conseil. Seule la consultation de Trouillogan prenait la forme d'un dialogue, mais caricatural et vain, puisque les répliques du pyrrhonien, ne lui proposant rien qu'il puisse réfuter ni fausser, ne lui présentaient que le reflet fugitif de ses propres indécisions.

Le jeu d'attente recommence dans la consultation de Triboulet : réponse du fol par coup de poing, nasarde et bredouillage, glose de Pantagruel plus assuré que jamais ("*sur mon honneur*, que par quelque moine vous serez fait cocu...", ch. XLVI, p. 309), puis réinterprétation sophistique de Panurge. Mais tout s'inverse au chapitre XLVII. C'est Panurge maintenant qui pour la première fois procède à la sélection du trait significatif, opération primordiale, et difficile entre toutes, de l'exégèse :

> — Voici bien un autre point, *lequel ne considérez ; est toutefois le nœud de la matière.* Il m'a rendu en main la bouteille. Cela que signifie ? Qu'est-ce à dire ?
> (p. 313)

Posées en ces termes, ses questions ne sont pas une demande d'information, mais une sorte de devinette, comme pour vérifier la sagacité du partenaire ; car il n'a pu évaluer l'importance du signe que s'il a déjà compris lui-même. Pantagruel, pour une fois, n'avance qu'une interprétation réservée ("*Par aventure* signifie que votre femme sera ivrogne ") que l'explication de son compagnon, fondée par exception sur une raison toute simple, écarte péremptoirement sans recevoir de réplique :

> — Au rebours (dit Panurge) car elle était vide. Je vous jure l'épine de Saint Fiacre en Brie que notre Morosophe, l'unique, non lunatique Triboulet, me remet à la bouteille...

A partir de là, Panurge prend toute sa conduite en main. Il "rafraîchit de nouveau son vœu premier" d'accoutrement inusité, comme pour annuler toutes les démarches accomplies au cours du *Tiers Livre* en revenant au point de départ, et décide d'aller chercher au loin l'oracle de la "Dive Bouteille", ce qui inaugure tout le *Quart Livre* et les autres projets de suite d'après lesquels, dit-on, le cinquième a été fabriqué par assemblage et collage. Il choisit lui-même pour pilote Xénomane, personnage nouveau qui lui est inféodé, tenant de lui "je ne sais quoi en arrière-fief de la châtellenie de Salmigondin" (ch. XLIX, p. 326). Et c'est lui encore qui invite Pantagruel à l'accompagner, en préjugeant de son acceptation, transforme l'expédition en une pérégrination philosophique dont il garantit l'intérêt et veut ignorer les dangers, prévoit enfin la principale étape en réponse au souci de trouver "quelque Sibylle pour guide et truchement" :

> Panurge répondit que son ami Xénomanes leur suffirait, et d'abondant délibérait passer par le pays de Lanternois et là prendre quelque docte et utile lanterne, laquelle leur serait pour ce voyage ce que fut la Sibylle à Enéas descendant ès champs Elysiens
>
> (p. 315)

Cette radicale mutation des rôles et de la trame narrative est marquée, en outre, par un indice symbolique très visible et très clairement significatif, en étroit rapport avec l'identité initiale de Panurge ainsi qu'avec l'objet et la logique secrète de sa quête : le quatrain en lanternois.

Après une plaisanterie de Carpalim qui sera analysée plus loin, Pantagruel, gagné au projet, exprime une dernière réserve : "seulement me déplaît que ne parle bon lanternois". Plus assuré que jamais, son ami revendique la connaissance de cette langue étrangère :

> Je (répondit Panurge) le parlerai pour vous tous ; je l'entends comme le maternel ; il m'est usité comme le vulgaire :
>
> *Briszmarg d'algotbric nubstzne zos*
> *Isquebfz prusq ; albortz crinqs zacbac.*
> *Misbe dilbarlkz morp nipp stancz bos.*
> *Strombtz Panrge walmap quost grufz bac.*

Le quatrain cité fait figure, dans le texte, d'idiome mystérieux : le savant Epistémon, mis au défi de comprendre, y voit une incantation magique adressée aux "diables errants, diables passants, diables rampants". De ce langage de l'autre monde Panurge est donc seul à pouvoir présenter une traduction — qui donne en termes clairs, soudain, la réponse espérée tout au long du *Tiers Livre* :

> Tout malheur, étant amoureux,
> M'accompagnait ; onc n'y eus bien.
> **Gens mariés plus sont heureux :**
> **Panurge l'est, et le sait bien.**

On reconnaît dans ce double quatrain le type même de la parole émanant d'un oracle : formule versifiée, impénétrable au profane, qui, une fois traduite par un initié, dévoile l'avenir comme un présent fatidique[67]. Mais de cet oracle Panurge est à la fois le prophète, l'interprète et le destinataire. Autrement dit, contrôlant seul toutes les phases de la révélation, il déclare enfin lui-même sa vérité, comme pour anticiper sur la sentence de la prêtresse Bacbuc : "Soyez vous-mêmes interprètes de votre entreprise" (*Cinquième Livre*, ch. XLV).

---

67 Plutarque, dans son traité sur la question *Pourquoi la Pythie ne rend plus ses oracles en vers,* note ces particularités du langage oraculaire et en propose diverses explications, §§ XXIV-XXVI.

En fait, le texte n'est pas si simple ; et, à le décrire ainsi comme l'aboutissement du récit, on bute sur une anomalie : pourquoi Panurge part-il consulter au loin la Dive Bouteille, puisqu'il vient de prononcer la réponse attendue ? Mais ni le quatrain, ni sa version en français ne s'insèrent dans la trame narrative : leur isolement est marqué par l'opposition entre prose et vers, renforcée par l'aspect ésotérique du dialecte lanternois. Ce *carmen* ("Ce que j'ai dit [...] *chante* ainsi ") est donné pour une sorte de citation, destinée à prouver les compétences linguistiques du locuteur. Panurge l'a-t-il improvisé, ou l'a-t-il déniché dans sa bibliothèque imaginaire ? Rien ne permet de choisir, mais peu importe : c'est le décalage qui est significatif. Le lanternois est un signe erratique enclavé dans le texte, sans caution ni vérification : une vérité en suspens. Son singulier statut est indiqué par la formule même qui déclare le bonheur d'être marié : "Panurge *l'est, et le sait bien*". Si ce "savoir" est celui de Panurge marié, il échappe au Panurge actuel, qui ne l'est pas encore ; et c'est pourtant celui-ci qui parle. Situé dans le temps de la fiction, l'oracle ne délivre le consultant de sa perplexité que pour l'embrouiller dans une de ces apories logiques qui faussent toute spéculation sur les futurs contingents.

En revanche, il renvoie par la nature et le nom même de son bizarre idiome à l'origine déjà lointaine de l'énergumène du *Tiers Livre* : au jour où "Pantagruel trouva Panurge, lequel il aima toute sa vie". Dans le ch. IX du *Pantagruel*, qui porte ce titre, le "lanternois" est ajouté en 1533 aux jargons et langues qu'utilisait Panurge en guise de réponse au questionnaire d'identité — "Qui êtes-vous ? Dont venez-vous ? Où allez-vous ? Que quérez-vous ? Et quel est votre nom ?" — sur lequel s'achevait la première formule d'accueil du géant. Un raccord aussi manifeste sollicite l'interprétation ; mais il faut pour cela examiner d'assez près la performance du polyglotte, et les réactions de son auditoire[68].

La rencontre est symétrique de celle de l'Ecolier Limousin, de part et d'autre du couple de chapitres également antithétiques formé par le catalogue de Saint-Victor et la lettre de Gargantua : ancien savoir vs. nouveau savoir. Pantagruel a rudoyé le premier, il se lie avec le second d'une amitié indéfectible. Pourquoi ? Dans les deux cas s'est élevée une barrière linguistique ; et l'incompréhension paraît plus radicale à la seconde rencontre, aggravée par le fait que les renseignements que le galimatias de l'Ecolier laissait filtrer, sur sa vie et ses occupations, Panurge les refuse tout net, répétant en dix langues que ces questions sont oiseuses à l'égard d'un homme en détresse, qui attend uniquement un geste de charité. Tout se passe comme si le refus des modes normaux de communication et des informations élémentaires, poussé à la limite, changeait de sens. Tel est le paradoxe à interroger. Il est éclairé par une autre bizarrerie de l'épisode : comment expliquer que Pantagruel et aussi le savant Epistémon déclarent ne rien comprendre non seulement à l'allemand, mais même à l'italien, langue très répandue à la Renaissance et dont l'échantillon panurgien[69] est

---

68 Les pages suivantes résument" Ce qui devait se dire en utopien", article paru dans le recueil *Croisements culturels* des *Michigan Romance Studies,* vol. VII, 1987.

69 *Signor mio, voi videte per exemplo che la cornamusa non suona mai s'ela non a il ventre pieno...* De cette première phrase, un seul mot, *mai*, s'écarte sensiblement du vocabulaire français (mais il a son double en provençal). En plaçant dans la bouche d'Epistémon,"savant" par éponyme et par fonction, l'aveu de méconnaissance d'un énoncé aussi transparent, Rabelais interdit de tirer argument de ce chapitre IX pour prétendre, selon des critères de vraisemblance et de continuité diégétique qui n'ont que faire ici, que, Pantagruel étant apparemment incapable de comprendre le latin de Panurge au terme de ses études, celles-ci sont un échec, et la lettre de Gargantua qui les programmait, une caricature (comme le fait G. Defaux, *Pantagruel et les sophistes,* Nijhoff, La Haye 1973, p. 75). Non moins nocif est le contresens symétrique, qui impute au seul Panurge l'incompréhension contre laquelle bute

des plus faciles à déchiffrer ? et que plus loin Epistémon encore et Carpalim puissent reconnaître l'hébreu et le grec sans soupçonner apparemment ce qui s'y exprime ? "C'est langue hébraïque, bien rhétoriquement prononcée", dit le lettré. Mais Panurge le loqueteux citait dans le texte même de la Bible, *laab al Adonai chonen ral* ("il prête au Seigneur, celui qui a pitié du pauvre "), un précepte de charité ; la surdité spirituelle du savant transforme cela en exercice de diction ! Carpalim réagit de même : de l'apostrophe en grec, qui commençait par une demande de pain, il ne retient que l'information accessoire : cet homme a dû résider en Grèce. Dans ces conditions, la bigarrure linguistique des propos de Panurge n'est que l'occasion révélatrice d'une incompréhension imputable à ses auditeurs : ils s'arrêtent à la lettre, au signifiant, pour s'interroger sur sa nature, au lieu de viser le sens à travers lui. Impossible de leur faire "entendre" quoi que ce soit, en quelque langue que ce soit : quand le doigt désigne la lune, dit un proverbe chinois, l'imbécile regarde le doigt.

Mais inversement, toute langue sera virtuellement compréhensible à qui veut saisir, au-delà des vocables, l'intention qui les anime. Si bien que c'est le dernier discours en jargon, l'utopien, qui ménage enfin une possibilité d'entente : sans être sûr de l'avoir reconnu, Pantagruel lui trouve des sonorités familières, et surtout il s'apprête à répondre : "*Et, comme il voulait commencer quelque propos...*" écrit le narrateur — cette unique didascalie en marge des répliques anticipe sur le dialogue effectif, en français, sur lequel s'achève le chapitre ; pour marquer une lacune, sans doute : interrompu par un flot d'éloquence cicéronienne, le "propos" utopien reste en suspens ; mais il a donné lieu à une ébauche d'échange. Au lecteur qui s'en étonnerait est fournie une demi-explication, s'il a suivi le fil

---

sa polyglossie (G. Demerson,"Le plurilinguisme chez Rabelais", *RHR* n° 14, 1981). Dans les deux cas la lecture s'arrête à la lettre, et n'arrive même pas à en rendre compte précisément faute d'ouvrir les yeux sur les indices qui sollicitent une autre perspective.

de ce qui se disait dans les quelques langues intelligibles à un humaniste de la commune sorte, l'italien, l'espagnol, le grec et le latin (car on peut supposer qu'un lecteur du XVIème siècle avait moins de chances de connaître l'allemand, l'écossais, le basque, le hollandais, le danois et l'hébreu). D'abord la protestation de la faim : je ne peux raconter mon histoire tant que "il ventre non a la refectione". Puis un rappel des "preceptos evangelicos" de charité, et de leur corrélatif, la "piedad natural". Enfin, après une réflexion philosophique en grec sur le rôle du langage, superflu en cas d'évidence, un constat d'échec en latin : mes discours n'ont servi à rien, laissez-moi partir. Tant de paroles pour proclamer que les paroles sont vaines ! Mais ainsi est désigné précisément ce qui s'accomplit au cours de l'épisode : même s'il n'a pas compris les propos, Pantagruel adopte enfin l'attitude qu'ils lui dictent, puisqu'il offre son aide et son amitié à l'hurluberlu sans plus attendre les informations qu'il lui avait d'abord prudemment demandées sur son *curriculum vitae.* Les discours, comme vecteurs de celles-ci, étaient donc bien superflus : il suffisait de les adresser (tous commencent par une interpellation, à l'exception du latin qui rompt un instant le contact) à un homme de bonne volonté.

Cette surprenante pragmatique atteint son point de perfection lorsque le support verbal des intentions est un énoncé totalement inintelligible : le discours en utopien par lequel s'établit une communication virtuelle entre le géant et son futur ami, devant un lecteur dont la sagacité jusque là postulée est soudain mise en échec. Ce dernier jargon n'offre aucun des repères qui faisaient miroiter parfois dans les autres une possibilité de décryptage, "galeth dal Chinon", "Gravot Chavigny Pomardière", "Devinière près Nays "[70]. Pantagruel pense en reconnaître les accents, sans certitude, si bien que le "propos"

---

[70] Voir la tentative de décryptage d'E. Pons,"Les jargons de Panurge", *Revue de Littérature Comparée*, 1931, p. 185-218 ; — Sur le pacte d'amitié conclu au terme de l'épisode entre Pantagruel et Panurge, voir l'important ouvrage d'Ullrich Langer, *Perfect Friendship,* Droz 1994, ch. III.

qu'il veut commencer ne peut être qu'une tentative de communication ; même considéré selon sa perspective, l'utopien porte la trace de l'opacité qui le caractérise aux yeux du lecteur et lui assigne sa fonction dans le jeu. La séquence s'achève ainsi sur une triade qui résume ses hybridations linguistiques et leurs plus étranges effets. Au centre, le latin, langue internationale de l'époque et véhicule de toute connaissance : il signifie la rupture (*Sinite, viri impii, quo me fata vocant abire...*) et n'éveille aucun écho. De part et d'autre, le jargon de Nulle Part, et le français : l'un et l'autre permettent le dialogue, virtuel dans un cas, réel dans l'autre. Ils s'opposent pourtant en ce qui a trait à l'échange d'informations, puisque l'un est opaque, l'autre transparent (à ceci près qu'il ne transmet aucune information, excepté cette transparence même : je parle français). Mais une qualité leur est commune et les oppose au latin : c'est celle qui fait d'un dialecte un signe de proximité, "langage de mon pays" ; il n'en faut pas plus. Et le coup de génie de Rabelais est d'avoir superposé de force dans l'utopien les deux qualités incompatibles, de langue maternelle et de jargon d'un autre monde, et de contraindre le lecteur à les attribuer au même discours, l'une de son propre mouvement, l'autre sous la dictée de la fiction et de Pantagruel ; de même qu'à l'inverse l'italien devait à la fois être aisément déchiffré et être saisi, sous la dictée d'Epistémon, comme un baragouin incompréhensible. Rien ne pouvait mieux faire sentir que le langage postule à la fois une volonté de communion intellectuelle et l'invention des signes propres à l'actualiser, le code n'étant qu'un accessoire ; qu'à scruter ce code pour lui-même, à la manière du savant, on laisse échapper le sens ; que mieux vaut accepter des matériaux langagiers approximatifs, l'esprit de "pantagruélisme", confiance et amitié spontanées, leur donnant forme. Rabelais l'a répété vingt ans plus tard, en faisant surgir à la fin du *Quart Livre* le mythe des Paroles Gelées.

Le statut du lanternois est tout différent, mais peut-être complémentaire. Dans le *Pantagruel*, il était assimilé d'abord au "pathelinois", c'est-à-dire au jargon par lequel Maître Pathelin simule la folie et dupe son créancier. C'est donc un langage fallacieux ; il figure comme tel à la fin du *Tiers Livre*, en rapport avec le rôle de sophiste qu'y assumait joyeusement Panurge en improvisant à chaque consultation une glose de fantaisie : il symbolise la précarité de ces semblants d'oracles. Ainsi se comprend la plaisanterie lancée à Epistémon :

> — C'est le courtisan langage lanternois. Par le chemin je t'en ferai un beau petit dictionnaire, lequel ne durera guère plus qu'une paire de souliers neufs ; tu l'auras plus tôt appris que jour levant sentir.

Un dictionnaire de mots ou d'expressions est réceptacle d'une langue ; mais celui-ci est éphémère (au second pas, les souliers ne sont plus "neufs ") : appris instantanément à chaque éveil, il n'excède pas le temps de la parole. Quant à la vérité fugitive qu'il devrait transmettre, elle est encore mise en question par un quolibet incident de Carpalim sur le projet d'escale en Lanternois :

> — Panurge, ho, monsieur le quitte, prends Mylord Debitis à Calais, car il est goud fallot, et n'oublie debitoribus, ce sont lanternes ; ainsi auras et falot et lanternes.

A la faveur de l'équivoque sur *good fellow,* le mot "falot" prend ici son sens figuré de joyeux drille, et les "lanternes" auxquelles il est associé doivent être prises métaphoriquement, à la fois comme billevesées, leurres de saltimbanque, et comme instruments de la paillardise (le chapitre XXXII du *Cinquième Livre* fera un sort à cette dernière acception). D'où il suit que le lanternois est le langage de la fantaisie et du plaisir effréné, comme on pouvait s'en douter. De plus, le *good fellow* en cause,

Mylord de debitis, trésorier de Sa Gracieuse Majesté à Calais[71], introduit une seconde série sémantique — "*debitis*", "*debitoribus*", "Monsieur le quitte" — avec pour fonction de rappeler l'éloge des dettes, prototype du sophisme générateur de vérités utopiques, en détournant à cet effet deux mots du texte sacré entre tous, le Pater Noster, "prière prescrite et dictée par la bouche de Dieu" (Montaigne, I, 56). Autour de l'oracle en lanternois se forme ainsi un tourbillon de paroles et de pensées à donner le vertige, le tout en rapport avec les boniments fantastiques de Panurge.

Faut-il se laisser prendre au délire, et, repérant dans le quatrain original une forme altérée de ce nom, "Panrge", y chercher les anagrammes d'autres noms ? On trouverait sans trop de mal "Raminagrobis" (dans les trois premiers vocables), "Nazdecabre", "Triboulet", "Trouillogan", "Rondibilis", "Panzoust" ; avec, il est vrai, outre "Panurge" rechargé de son u, un résidu de 47 lettres propres à brouiller un peu plus leurs formes et à suggérer les "*noms* de diables errants, diables passants, diables rampants" qu'y distingue Epistémon. Manquent Bridoye, qui n'a pas donné d'avis, Her Trippa, récusé pour malveillance, Hippothadée, trop vénérable sans doute pour être dépecé, et Frère Jan, hors concours ; de telles lacunes nous dissuaderont de conjecturer sérieusement que tout le parcours du *Tiers Livre* est symbolisé par ces quatre vers cabalistiques. Mais on peut au moins y songer par manière de plaisanterie, et noter en outre qu'Epistémon affecte les noms qu'il a cru percevoir du sème de la mobilité ; ce qui rendrait *vrai* ce qu'il

---

71 Il paraît inutile de supposer une corruption du titre de Lord Deputy porté par le vice-roi de Calais. *Le Dictionnaire de l'ancienne langue* de Godefroy, s.v."*debitis* : trésorier, collecteur d'impôts", cite deux textes diplomatiques, peu suspects de calembour, qui font mention des"debitis de Calais". Quant au sens égrillard du mot"lanterne", voir L. Sainéan, *Rabelaesiana, Revue des Etudes Rabalaisiennes,* X, 1912, p. 458-462, et *La langue de Rabelais*, De Boccard, 1923, p. 290-292 et 308.

brait, selon le mot de Panurge, en marquant la mutation déterminée par le chapitre, confirmée par toute la suite : l'inflexion de l'enquête en errance.

Quoi qu'il en soit de ce scrabble, il est clair que Rabelais a multiplié à propos du lanternois les indices d'aberration. Rien d'étonnant à cela : la pseudo-révélation qui s'y formule dépend toute entière d'un illusionniste inspiré par un fou. Et encore l'écart est-il démesuré, entre ce qu'a signifié le fou et le conseil que prétend en tirer le farceur, entre ce conseil même (consulter la Dive Bouteille) et l'étape préalable à son exécution (l'escale en Lanternois), entre cette étape projetée et l'exhibition langagière à laquelle elle donne prétexte. Nous sommes pris dans une logique de la dérive.

Que vaut cette logique ? En décidera le sage. Il vient de se prononcer, en fait, mais son verdict, si c'en est un, est tombé sur un autre cas ; admettons qu'il fasse jurisprudence.

Il s'agissait déjà d'une histoire de fous : le procès de Bridoye. Nous en avons vu plus haut le dossier, complaisamment exposé aux grands juges par le petit juge mis en examen. Réduite à son schéma, la conduite que le lecteur y découvre se compose de trois éléments. D'abord la routine de l'instruction, toute en atermoiements et en procédures inutiles, avec pour principal effet de ruiner les plaideurs au bénéfice du personnel judiciaire, et pour justification le "Comme vous autres, Messieurs..." qui scande la plaidoierie. Ensuite l'utilisation des coups de dés pour déterminer la sentence. Enfin les abus de termes que pratique le vieux formaliste pour alléguer sur chaque détail de ses agissements une demi-douzaine de brocards de droit. Les deux derniers points sont liés, ne serait-ce que par l'équivoque sur les mots *alea judiciorum*, première expression juridique citée dans le texte (ch. XXXIX, p. 269 ; auparavant, Bridoye ne donnait que des références), qui génère l'ensemble de l'épisode. Relayant tout au long de celui-ci le gag initial, les interprétations à contresens y entretiennent le comique, et pourraient rapprocher Bridoye de Panurge, autre spécialiste de la glose erronée, si leurs falsifications des termes n'étaient pas de sens opposés, celles de Bridoye vers les acceptions les plus littérales, celles de Panurge vers les fantaisies métaphoriques. Mais seul le recours au sort donne lieu à des commentaires.

Le premier est une excuse (titre du ch. XLIII) : Pantagruel reconnaît la "faute" du juge (p. 293), mais élude la vraie question : comme si l'essentiel du grief n'était pas que Bridoye eût "confessé juger au sort des dés" (p. 292), mais se réduisait à l'unique sentence reconnue injuste en raison de laquelle il comparaît devant le Parlement. L'esquive est légitime, puisqu'un tribunal ne se prononce que sur les faits incriminés ; elle interdit cependant de tirer argument du texte comme si le prince avait arbitré sur le fond, et en particulier d'accueillir sans circonspection les pieuses remarques qui s'y rapportent incidemment :

> Et me semble qu'il y a je ne sais quoi de Dieu qui a fait et dipensé qu'à ses jugements de sort toutes les précédentes sentences *aient été trouvées bonnes en cette votre vénérable et souveraine Cour :* lequel, comme savez, veut souvent sa gloire apparaître *en l'hébétation des sages, en la dépression des puissants* et en l'érection des simples et humbles.
> (p. 293-294)

E.M. Duval[72] a judicieusement fait observer que les mots transcrits ici en italiques pourraient fort bien incriminer les juges du Parlement de s'être montrés assez "hébétés" pour confirmer quarante ans durant des verdicts prononcés au hasard ; ce qui est de bonne guerre dans le plaidoyer, mais ne tire pas d'emblée à conséquence — d'où la prétérition : "Je mettrai en omission

[72] "The Juge Bridoye...", *Etudes Rabelaisiennes* XVII, Droz 1983, p. 41 ; voir ci-avant p. 73, note 48.

toutes ces choses...". Le vrai commentaire vient après, et pose quelques problèmes, à commencer par celui de son auteur.

En 1546, c'était Pantagruel, en réponse à une question d'Epistémon dont l'énoncé commençait à la p. 295 ("Mais que diriez-vous de cettui heur des dés continué en succès de tant d'années ?.. "[73]) et ne s'achevait qu'après l'anecdote du cas inextricable soumis à l'Aréopage, par réitération p. 299 ("... Mais en Bridoye la continuation de tant d'années m'étonne "). En 1552, Rabelais insère un "dit Pantagruel" au début de l'anecdote juridique, de manière à imputer au géant le récit puis la demande finale d'éclaircissement, et il corrige l'incise de la réplique, p. 299, pour attribuer celle-ci à Epistémon. Avouons que le remaniement donne une certaine gaucherie à la version définitive, où l'on voit un personnage poser une question, la nuancer d'une réserve qui appelle une réitération, mais se laisser dérober cette réitération et donner lui-même la réponse qu'il avait demandée. On en conclura que Rabelais tenait absolument à rectifier la première rédaction, qui avait placé cette réponse sous l'autorité de Pantagruel.

Non sans motifs. Car si l'on postule la cohérence interne du texte et sa compatibilité avec le contexte narratif, la signification violemment paradoxale qui s'en dégage compte parmi les plus agressives de tout l'ouvrage. Sa première partie, qui a retenu toute l'attention des commentateurs, est donnée pour "conjecturale" : elle explique le succès continu des sentences de Bridoye en supposant une protection des "intelligences motrices" de l'univers, attentives à ses dés dans la mesure où le vieux juge, "soi défiant de son savoir et capacité, connaissant les

[73] On remarquera qu'Epistémon reprend à son compte sous forme de question ce que le narrateur vient de faire noter par Panurge, qui, est-il dit,"faisait quelque difficulté de croire l'heur du jugement par sort, mêmement par si long temps" ; quant aux autres personnages, ils s'arrêtent à des détails : l'un a connu Perrin Dandin, l'autre le Gascon... Il paraît assez difficile de soutenir qu'"une fois de plus Panurge est d'un côté et tous les autres personnages sont de l'autre".

antinomies et contrariétés des lois [...] entendant la fraude du Calomniateur infernal, lequel souvent [...] tourne le noir en blanc [...], se recommanderait humblement à Dieu, le juste juge, invoquerait à son aide la grâce céleste [...]" — bref, agirait et aurait agi tout autrement qu'il ne l'a dit dans son plaidoyer. E.M. Duval, dans l'article cité ci-dessus, le montre de façon irréfutable : Bridoye fait fièrement étalage de son savoir et de ses capacités, se fie aveuglément aux brocards de droit qu'il allègue, en pervertit systématiquement le sens, ne nomme pas une seule fois Dieu et ne semble pas avoir l'idée d'invoquer l'aide de la grâce, avant, pendant ou après le coup de dés. Autrement dit, toutes les "conjectures" d'Epistémon sont infirmées par ce que nous venons de lire, et que Pantagruel vient de constater lui-même (autre raison, peut-être, de ne pas placer le discours dans sa bouche, par souci de cohérence diégétique : comment lui faire supposer le contraire de ce qu'il a entendu ?).

L'explication de l'innocuité relative du cornet à dés doit donc se trouver dans la seconde partie du texte d'Epistémon. Elle y est, voilée par une dénégation aussi fragile qu'insistante :

> Je ne voudrais penser ne dire, aussi certes ne crois-je, tant anomale être l'iniquité et corruptele tant évidente de ceux qui de droit répondent en icelui parlement myrelinguois en Myrelingues, que pirement ne serait un procès décidé par jet des dés, advînt ce que pourrait, qu'il est passant par leurs mains pleines de sang et de perverse affection. *Attendu mêmement* que tout leur directoire en judicature usuale a été baillé par un Tribunian, homme mécréant, infidèle, barbare, tant malin, tant pervers, tant avare et inique qu'il vendait les lois [...]

Est ici inscrit en italiques le mot, juridique s'il en est, qui annule la dénégation et valide le verdict foudroyant qu'elle masquait. Il est bien évident que l'"attendu" en cause ne se comprend que s'il motive ce qu'Epistémon prétend ne pas croire, ni vouloir dire : mieux vaut le hasard, même si les anges ne s'en mêlent pas, que les juges prévaricateurs de Myrelingues. Et l'on reconnaît la condamnation prononcée contre ceux-ci : elle vient du psaume LVII (LVIII) : *Etenim in corde iniquitates operamini : in terra injustitias manus vestrae concinnant.* Rabelais l'aggrave même en parlant de mains "pleines de sang"... En ce Myrelingues, pays de droit écrit, faudrait-il reconnaître la Provence où les parlementaires d'Aix, complices de leur président Maynier d'Oppède, venaient d'ordonner et de contrôler le massacre des "vaudois" de Cabrières et Mérindol, et de s'enrichir de leurs dépouilles[74] ? Ce crime commis par arrêt d'une cour souveraine a probablement donné lieu plus tard à l'épisode des Papefigues, dans le *Quart Livre* ; pour en parler à chaud, il fallait d'autres mots, moins comiques, et des précautions. Quoi qu'il en soit, la sentence d'Epistémon est formelle, et sa réprobation s'étend même aux Pandectes, dont le *Pantagruel* de 1532 avait fait l'éloge aux dépens des glossateurs médiévaux (ch. IX bis). Les accusations portées contre Tribonien, fréquentes chez les juristes humanistes, paraissent ici atteindre le droit écrit des cours du Midi, "tout leur directoire en judicature usuale", compilé par le légiste du Bas Empire par dépeçage des anciens traités de jurisprudence, à jamais perdus. Bref, la violence et l'ampleur de la condamnation peuvent surprendre, et il est compréhensible que Rabelais ait préféré, réflexion faite, ne pas l'attribuer à Pantagruel.

Sa fonction dans le roman n'en est pas moins efficace. En déclarant que des sentences fondées sur le droit romain, couramment pris pour modèle de rationalité et de sagesse même par les juristes défenseurs du droit coutumier, ne valent pas mieux que des jets de dés, Epistémon récuse la raison codifiée, sans même la mettre en concurrence avec la "folie évangélique"

---

[74] Sur ce carnage, perpétré en avril 1545, voir l'*Histoire de l'exécution de Cabrières et Mérindol*, de Jacques Aubéry (avocat du roi chargé de requérir contre les responsables en 1551), éditée et annotée par G. Audisio, Edisud, 1982.

comme l'avait fait Pantagruel dans son éloge de la déraison au chapitre XXXVII. Si Bridoye est excusé, si ses quatre mille verdicts ont pu être confirmés en appel, c'est parce qu'il est fou, et parce que la folie matérialisée par son cornet à dés, sans trace d'inspiration mystique, vaut quand même mieux que les compétences radicalement perverties des techniciens du droit. L'hyperbole satirique rejoint ici le paradoxe illustré par le procès entre Baisecul et Humevesne : sentence sans queue ni tête ou coup de dés, tout est préférable aux conclusions de la chicane. Mais dans l'agencement du *Tiers Livre* elle a une autre fonction, structurale : elle accrédite indirectement l'extravagance de la consultation du fou, de son aboutissement aberrant et du lanternois qui symbolise le tout : tout vaut mieux pour Panurge qu'une prétendue sagesse de savants ou d'inspirés dont les porte-parole s'obstinent à lui répéter sous diverses formes qu'il sera cocu, et que c'est bien fait pour sa philautie. Il choisit l'errance au grand large ; il n'y sera pas seul.

Pour nous aider à le comprendre, le narrateur reparaît soudain, comme témoin des préparatifs du "long et hasardeux voyage" qui doit conduire Panurge et ses compagnons vers la vérité espérée. Il constate que Pantagruel fait équiper les navires de tout le nécessaire...

> Entre autres choses, *je vis* qu'il fit charger grande foison de son herbe Pantagruélion, tant verte et crude que confite et préparée.
>
> (XLIX, p. 327)

— C'est le début de l'éloge énigmatique de cette herbe, qui tout à la fois s'inscrit dans le prolongement immédiat du dessein inspiré par la déraison au chapitre XLVII, et correspond, par sa position symétrique et par son genre, à l'éloge des dettes qui a défini au début du livre la vocation de sophiste visionnaire assignée à Panurge. En le prononçant, Rabelais se situe par rapport aux boniments et aux rêves du farceur, comme s'il redevenait un instant son ami Alcofrybas.

Le moins qu'on puisse dire est qu'il ne s'élance pas d'emblée dans la fantaisie. Les amateurs de didactisme auront le plaisir de découvrir que tout le chapitre XLIX est une compilation de données botaniques et techniques empruntées à Pline pour la plupart, formant un texte si austère que Rabelais semble éviter d'y pénétrer : pas une seule forme de première personne du singulier depuis la phrase citée plus haut. Quelques devinettes animent un peu le début du chapitre suivant ; sur quoi l'orateur entre en scène, promettant l'éloge, puis le différant pour exposer à grand renfort d'érudition mythologique ou étymologique les modes de dénomination des plantes, d'après Charles Estienne[75]. Décidément, Alcofrybas a vieilli... Une inflexion discrète, mais décisive, est enfin marquée, lorsqu'il applique à son herbe les principes lexicologiques qu'il vient d'exposer :

> Par ces manières (exceptez la fabuleuse, car de fable à Dieu ne plaise que usions en cette tant véridique histoire) est dite l'herbe Pantagruélion. Car...[76]

---

[75] M.A. Screech (*Rabelais*, p. 371) restitue à cet auteur l'érudition accumulée en cette partie de l'éloge, en attribuant à Rabelais "sa richesse et sa drôlerie".

[76] Ch. LI, p. 338. — Dans la version de 1546, où l'éloge du Pantagruélion n'est découpé qu'en deux chapitres, numérotés 46 et 47, la coupure se situe précisément en ce point. — La ponctuation, ici, induit en erreur le lecteur moderne en lui donnant à penser que l'explication du nom est donnée par le seul fait que"Pantagruel fut d'icelle inventeur [...] quant à un certain usage... [= la corde de pendu]". En fait, Rabelais donne cette première explication pour purement métonymique, et finit par la désavouer (p. 340 :"Je vous jure [...] que le noble Pantagruel ne prit oncques à la gorge.."). Ensuite il propose brièvement l'explication par"similitude" (p. 340). Mais c'est le dernier type de dénomination, par"vertus et singularités", qui déclenche la rhétorique encomiastique caractérisée par sa *gradatio*, jusqu'aux exploits cosmologiques et à l'immortalité. V.L. Saulnier ("L'énigme du Pantagruélion", *Etudes Rabelaisiennes* I, 1956, p. 48-72) a marqué avec force le partage entre données positives et envol lyrique :"Rabelais s'inspire de ce qui est vrai du chanvre ; mais ce qu'il chante n'est plus le chanvre, il en fait le pantagruélion" (p. 57) ;

La protestation de véracité, avec allusion possible à l'*Histoire vraie* de Lucien, est indice de hâblerie : le bonimenteur a repris la parole, pour accomplir d'abord le geste souverain de l'imposition du nom, puis pour le commenter en déviant vers des fictions de plus en plus fantastiques, scandées par les surenchères : "Dirai-je plus ?..." (p. 341) — "Je dirai plus..." (p. 344). Ainsi apparaît en quelques pages tout le trajet que peut parcourir l'invention poétique, depuis les leçons de choses jusqu'aux divagations, en passant par les vestiges de l'Histoire et de la Fable. Nous avons vu le point de départ, en fonction de repère de la pensée banale ; sans détailler les étapes intermédiaires, il convient d'examiner d'assez près le double point d'arrivée.

On croit reconnaître d'abord une version hyperbolique des pages de Pline sur l'usage du chanvre et du lin pour le gréement des bateaux. Mais l'hyperbole change la nature de l'éloge. Moyen de relations, chez Pline, entre peuples éloignés, la navigation à voiles de "pantagruélion", sous la plume de Rabelais, finit par emmêler les directions de vents et points cardinaux, et déployer sous les yeux des divinités du cosmos un immense ballet d'habitants des antipodes, entre océans et zones du globe, envahissant l'espace jusqu'au point à l'infini d'où l'on aurait "l'un et l'autre pôle en vue à fleur d'horizon" ; tout suggére une activité vertigineuse de déplacement, de communication et d'ébats ludiques, déjà entrevue dans l'univers de réciprocité générale que célébrait l'éloge des dettes. Un degré de plus, et grâce à quelque autre herbe magique que pourraient inventer les enfants de Pantagruel, les cieux s'ouvrent jusqu'aux constellations transformées en enseignes d'auberges, où l'on pourra banqueter avec les Olympiens et coucher avec leurs déesses, en dépit du vers de Virgile qu'avait reçu Panurge pour

---

mais son interprétation paraît privilégier à l'excès les traits où peut se déceler une signification symbolique en rapport avec l'"hésychisme".

première réponse du sort ; et ce sont les Destinées qui font prévoir l'invraisemblable fête terminée en apothéose.

La déraison paraît avoir atteint son point culminant, en ce mythe d'une Gigantomachie sans violence, mais défiant les dieux et néanmoins vouée au succès, qui ravive et transfigure les données légendaires éparses dans les pages précédentes ; et pourtant Alcofrybas continue :

> Ce que je vous ai dit est grand et admirable ; mais, si vouliez vous hasarder de croire quelque autre divinité de ce sacre Pantagruélion, je la vous dirais. Croyez-la ou non, ce m'est tout un ; me suffit vous avoir dit vérité. Vérité vous dirai. Mais pour y entrer, car elle est d'accès assez scabreux et difficile...

Ces nouvelles protestations de véracité, selon la logique paradoxale de l'éloge, devraient signaler un rêve encore plus fou ; cependant, elles sont empreintes d'une étrange réserve, qui leur confère une sorte de gravité. L'épreuve du filtrage du vin, avant accès à la révélation promise, évoque les mystères de Dionysos-Zagreus, dieu de l'ivresse et des résurrections. Essayons d'y croire un instant. Il s'agit maintenant du feu et de ses effets destructeurs ; le "céleste" pantagruélion, dans le brasier, n'est pas consumé, il est purifié, et en sort "plus beau, plus blanc et plus net". Il ne protège pas de la crémation : la dépouille mortelle qu'il enveloppe est réduite en cendres, l'oeuf frais est cuit, durci et brûlé (p. 350). Pour munir Thélème de portes incombustibles, Pantagruel lui a préféré le "larix", dont il a aussi équipé sa flotte de Thalasse. Mais seul le pantagruélion est "renouvelé et nettoyé" par le feu. Non pas moyen de préservation, mais emblème de purification et d'immortalité. Le mythe extravagant s'achève en symbole d'une mystérieuse transmutation spirituelle.

Et pourtant c'est une herbe, qui pousse en France, et dont la graine pourrait être offerte, "en bonne étrenne", aux autres peuples. Le poème final ramène le regard à ras de terre, en direction du chanvre. La sarabande universelle, l'envol vers les étoiles, la blancheur à l'épreuve des flammes, autant de leurres ? Sans doute. Seulement il faudrait se demander ce que sont au juste les leurres, divagations et erreurs, dans le mode de pensée requis pour comprendre le *Tiers Livre*, et avec lui l'œuvre de Rabelais. Problème qui ne peut être résolu que par le détour d'une question connexe : à quelle exigence répondent-ils ?

VII. LA FRUSTRATION, LE DÉSIR ET L'EXTRAVAGANCE.

Pantagruel règne sur les altérés. A sa naissance, comme "au temps d'Elie" emporté sur un char de feu, le monde est ravagé par la sécheresse, les oiseaux tombent du ciel brûlant, les poissons agonisent sur le sable, les hommes font des processions et n'en obtiennent qu'un peu de saumure suée par la terre. Mais son apparition, derrière la caravane de sel et de salaisons sortie du ventre de Badebec morte, est bénéfique : "Ceci n'est que bon signe : ce sont aiguillons de vin", disent les commères. Thomas M. Greene[77] a parfaitement expliqué cette stupéfiante transmutation de la soif atroce en vocation dionysiaque, du besoin en désir, et il en a montré la portée, ainsi que le support lexical, ce terme d'"altéré" qui signifie à la fois le malaise d'une "altération" de l'organisme et la propension à se "désaltérer" joyeusement en une "éternité de beuverie, beuverie d'éternité", comme disent les Bien Ivres à la naissance de Gargantua. Il paraît possible d'étendre ses conclusions à l'ensemble du roman, et en particulier au *Tiers Livre*, bien que les thèmes bachiques, si insistants dans son prologue, soient pratiquement éliminés du récit (hormis la Bouteille, à la fin, et ce n'est pas un hasard). Les

---

[77] "The hair of the dog that bit you : Rabelais's thirst", in *Rabelais's incomparable book*, rec. R. La Charité, French Forum pub., Lexington 1986, p. 181-194. — Article capital, qu'un heureux hasard a placé en regard de l'article de Fr. Charpentier déjà cité,"Un royaume qui perdure sans femmes", pour donner peut-être"en sens agile" la clef d'une embarrassante énigme de l'oeuvre. Voir ci-après.

difficultés que nous rencontrerons devraient même apporter des enseignements supplémentaires.

"J'ai la puce en l'oreille", dit Panurge, "je me veux marier". L'expression proverbiale signifiait alors les titillations du désir : G. Cretin se moque des "dames qui ont tant la puce en l'oreille / Qu'il ne les faut appeler n'éveiller", et un proverbe cité par Leroux de Lincy confirme : "Puce en l'oreille l'homme réveille". Mais en précisant que cette "puce" est enchâssée dans un anneau porté à l'oreille droite percée "à la judaïque", Rabelais laisse entendre, par allusion aux prescriptions du Deutéronome (XV, 17) sur la servitude volontaire, que son personnage est assujetti pour toujours aux pulsions qu'elle symbolise. L'en plaigne qui voudra. L'important est que sa destinée romanesque est ainsi fixée : Panurge sera celui qui désire se marier, et toute la suite du livre aura pour axe narratif les efforts qu'il fait, ou qu'il mime, pour réaliser son projet, ainsi que les obstacles qu'il invente pour en différer indéfiniment le succès.

En ne retenant que ce trait de son comportement, on aura la surprise de reconnaître sous la caricature un schéma d'attitude et de situation que la tradition littéraire a reproduit de siècle en siècle sans y mêler beaucoup de bouffonneries, et que Rabelais lui-même a inscrit, avec pour marque d'insistance un léger illogisme, dans un passage du roman exempt de traits moqueurs et même d'incidents diégétiques. C'est le schéma de l'érotique courtoise, ou pétrarquiste, ou scévienne, sur lequel sont modelées les relations entre jouvenceaux et jouvencelles de Thélème. Il a semblé curieux, parfois, que dans ce paradis du libre vouloir la sexualité paraisse proscrite. Les "institutions" prévues au chapitre inaugural stipulaient "que là honorablement on pût être marié" (ch. L, p. 283-284) ; la description de la "manière de vivre" des Thélémites s'achève pourtant autrement, juste après l'énumération de leurs séduisantes qualités :

> Par cette raison, quand le temps venu était que aucun d'icelle abbaye [...] *voulût issir hors,* avecques soi il emmenait une des dames, celle laquelle l'aurait pris pour son dévot, et étaient ensemble mariés ; et, *si bien avaient vécu à Thélème en dévotion et amitié, encore mieux continuaient-ils en mariage*, et autant s'entr'aimaient-ils à la fin de leurs jours comme le premier de leurs noces.
>
> (ch. LV, p. 304)

Faudra-t-il se moquer de ces jeunes gens trop sages, ou les supposer folâtrant dans leurs bosquets sans trop se soucier du droit canonique ? La seconde hypothèse leur serait mieux assortie, mais ne réduit pas la contradiction : on peut se marier à Thélème, mais on quitte Thélème pour se marier. En revanche, les lois de la *fin'amor* édictées au XIIIe siècle par André Le Chapelain expliquent la prohibition inattendue : elles excluent le mariage des relations amoureuses, en raison des obligations qu'il implique, incompatibles avec la liberté du "don de merci" et surtout avec sa contrepartie, la possibilité du refus, de l'épreuve qui exaspère le désir et donne ses accents passionnés ou malicieux à la poésie lyrique d'oc et d'oïl. "Un doux Nenni avec un doux sourire..." — Rabelais, comme Marot, comme Scève, comme Marguerite de Navarre, appartient à une époque largement tributaire de cette idéologie des jeux et esquives de la galanterie. Ses personnages peuvent en rire, lui aussi sans doute ; mais les silhouettes idéalisées qu'il ébauche un instant en marge du roman observent le code, sous forme de longues fiançailles.

De fait, le vocabulaire employé est bien celui des rapports courtois : chacun des "chevaliers" est le "dévot" de celle des "dames" qui l'a pris en "amitié" ; on pouvait s'y attendre, en lisant à l'entrée de l'abbaye le salut adressé aux résidentes :

> Ci entrez, vous, dames de haut parage,
> En franc courage ! Entrez-y en bon heur,
> Fleurs de beauté à céleste visage,
> A droit corsage, à maintien prude et sage :
> En ce passage est le séjour d'honneur.

Plutôt que d'aller imaginer ce "maintien prude et sage" et ce souci de l'"honneur" sur le modèle des demoiselles de pensionnat, ou de leurs duègnes, il faut reconnaître au port et au visage, voire au corsage, les héroïnes des romans de chevalerie qu'on a lus pendant tout le XVIe siècle, toujours gracieuses, toujours désirables, souvent inaccessibles, faites en tout cas pour fasciner leurs amants heureux ou malheureux. Pour le confirmer, s'il en est besoin, on constatera que le luxe des vêtements des Thélémites, choisis chaque jour "selon l'arbitre des dames", n'a d'autre fin que la séduction mutuelle, à en juger d'après une autre anomalie du texte, l'uniformité de la tenue. Convenue à titre de "réforme", celle-ci constitue une obligation, ce qui s'accorde mal avec le "Fais ce que voudras" ; mais on la comprendra en songeant à la fonction des parures vestimentaires dans les cours du XVIe siècle, comme signes des différences de rang et de fortune : à Thélème, l'éclat et la beauté en sont acceptés, non le pouvoir discriminant ; les habits seront changés d'un jour à l'autre, mais identiques pour tous. Par conséquent étoffes précieuses et bijoux ne signifient plus que l'intention de plaire, et la "sympathie" (p. 299) entre les hommes et les femmes, qui en règle le choix. Spectacle permanent offert aux yeux du partenaire, le corps paré, magnifié par les ornements, émerveille ; il ne se dénude pas : il sollicite un regard d'attente. Dans les rapports amoureux, le libre vouloir est désir.

Pantagruel n'a pas fréquenté Thélème, et il laissera à son père le soin de lui trouver une épouse en son absence, pendant son périple maritime. Dans le tome qui porte son nom, cependant, Rabelais lui a prêté pour une fraction de chapitre le rôle du chevalier servant séparé de sa Dulcinée. A Rouen, sur le point de s'embarquer pour aller défendre son pays d'Utopie contre les Dipsodes, il reçoit "d'une dame de Paris (laquelle il avait entretenu bonne espace de temps) une lettre inscrite au-dessus : *Au plus aimé des belles et moins loyal des preux, PNTGRL*" (ch. XV, p. 127). La feuille est blanche. Panurge, après essai d'une dizaine de révélateurs d'encre sympathique, s'avise de l'objet qu'elle contient, un "diamant faux" sur un anneau gravé en hébreu, *lamah hazabtani*, "pourquoi m'as-tu laissé ?". Le triste rébus expliqué, Pantagruel s'afflige, hésite, Epistémon lui cite l'exemple d'Enée quittant Didon, il part. C'est tout. L'auteur ne saurait manifester plus clairement son refus d'écrire l'épisode amoureux de règle dans les aventures chevaleresques et même repris parfois dans leurs parodies[78] : littéralement il laisse la page blanche, et ne traite en quelques lignes que de la séparation, faisant de son pauvre géant le plus frustré de tous les héros de romans. Surtout si l'on songe que le substitut de celui-ci, Panurge, vient de caricaturer férocement l'idylle restée toute virtuelle, aux dépens d'une autre dame de Paris qui se retrouve abandonnée, elle aussi, et en compagnie canine... Mais il faut reprendre de plus loin.

Panurge est encore moins que son ami prédisposé à devenir pensionnaire de Thélème ; mais en raison, quant à lui, de sa propension à conclure au plus tôt, ou à rompre de façon tout aussi expéditive. Sa vocation de joyeux drille est attestée, sitôt après ses exploits de rôtisseur en croisade, par un projet pacifique pour les fortifications de Paris. Pantagruel avait cité l'Agésilas de Plutarque : "il n'est muraille que d'os", une ville a pour remparts le courage de ses soldats. Panurge, qui vient de marquer sa répulsion pour les armes en refusant l'épée que lui offrait le prince, suggère de bâtir les remparts avec les "callibistrys" des Parisiennes, "à meilleur marché que les pierres". En réponse au géant qui s'étonne, moins du délirant fantasme de

---

78 *Les Chroniques admirables du puissant roi Gargantua*, par exemple, représentent le géant amoureux (ch. 18) échangeant des rondeaux avec une dame malheureusement trop petite, puis épousant la princesse d'Utopie ; et plus tard son émule Gallimassue délivrant la belle Gribouille et affrontant pour elle le méchant Galaffre (ch. 35 et 36) avant de partir en dépit de ses pleurs combattre Gargantua. L'auteur connaissait le *Pantagruel*, auquel il emprunte deux chapitres (naissance et enfance du héros) ; il a éprouvé le besoin d'incorporer à son récit des épisodes de galanterie gigantale.

pierres vives que de l'estimation du coût des matériaux, il fait état de ses succès auprès des dames : "Je ne me vante pas d'en avoir embourré quatre cent dix et sept depuis que suis en cette ville — et si il n'y a que neuf jours — voire de mangeresses d'images et de théologiennes" (ch. XI, p. 87). Une telle célérité laisse peu de temps aux manœuvres de séduction. De fait, auprès de la dame de Paris dont il veut faire la conquête, quelques chapitres plus loin, il ne s'embarrasse pas d'"un tas de longs prologues et protestations que font ordinairement ces dolents contemplatifs amoureux de Carême, lesquels point à la chair ne touchent" (ch. XIV, p. 116 et var.) : arguments, hommages, madrigaux à hyperboles, prières, promesses, tout se résout invariablement en avances aussi directes que possible, y compris le rondeau marotique achevé sur "la combrecelle". La dame sera finalement inondée d'urine de chiens (outrage "cynique" ?) pour avoir voulu, de son côté, jouer le rôle de la belle inaccessible, selon le code. En somme, dans ce premier roman, Panurge exige l'assouvissement immédiat et réduit au minimum le temps du désir, les "males nuits, les travaux et ennuis" qu'il prétend souffrir avec "patience" à l'instant même où il se venge de sa "rebelle" (p. 123). La même conception lui inspire, loin de toute brutalité, sa jolie explication des différences de longueur des lieues au-delà de l'Ile-de-France : par décision de Pharamond, elles ont eu jadis pour mesure la distance entre les ébats de jeunes couples partis de Paris, et les intervalles augmentaient à proportion de l'éloignement (ch. XV, p. 126) ; cette invention, qui métamorphose au seuil de la guerre contre les Dipsodes le thème militaire des étapes de l'expédition, privilégie l'instant du plaisir et la durée qui le suit avant réitération, plutôt que celle qui le précède.

A cette "sexualité conquérante "[79] s'oppose fortement l'indécision et les atermoiements qui donnent lieu à tout le *Tiers*

---

[79] Fr. Charpentier,"Un royaume...", éd. citée, p. 200 (et p. 202 pour la citation suivante). Comme le montre cet article, la braguette de Panurge, dans

Livre. Reste à savoir si la mutation doit être décrite comme une perte du désir. Le déchiffrement symbolique n'en est pas évident. Si l'on assimile la dilapidation des revenus de Salmigondin à une "dépense généreuse, d'ailleurs toute consacrée au plaisir", selon la suggestion très convaincante de Françoise Charpentier, alors la seconde partie du discours initial, éloge des dettes, marquera le passage du régime de l'excédent au régime du manque, du plaisir au désir ; avec pour synthèse le "devoir de mariage". De même pour le changement vestimentaire. Pantagruel, qui constate d'abord l'abandon de la magnifique braguette et l'allure monastique de la robe de bure, y lit directement ce qu'en termes freudiens on appellerait sans doute un fantasme de castration. Mais il a négligé le trait que privilégient le titre du chapitre VII et le propos de son ami : la "puce en l'oreille". Interprétée d'après cet indice d'éréthisme, la robe de bure est stimulant des appétits sexuels, comme le "froc du moine de Castres" (ch. XXVII, p. 195) et celui de frère Jan (*Gargantua*, ch. XL, p. 239) ; quant à la braguette, Panurge en fait une "pièce de harnois" militaire, ce qui connoterait soit la crainte de perdre le précieux membre, si elle est défensive, soit la victoire si elle est offensive : fantasmes qui l'un et l'autre auraient pour opposé, non l'inhibition ou l'anéantissement du désir, mais son actualité et sa frustration. Ainsi se retrouve, sous une forme violemment caricaturale, le schéma d'une érotique de l'insatisfaction : où est la belle, pour le repos du guerrier qui a jeté sa carapace, ne craignant plus de lésion mais se sentant exaspéré par les piqûres de puces ? Cet inconfort ne ressemble pas au triomphe du surmâle qui revendiquait pour sa part de butin les "quatre cent cinquante mille putains belles comme déesses" de l'armée d'Anarche (*Pantagruel*, ch. XVI, p. 137),

---

le *Pantagruel*, est"comme un signal de sa personne" (à la fin du ch. XI, il en fixe lui-même la forme et les dimensions, et il la pare triomphalement au début du ch. XIV). L'abandon de cette pièce de vêtement, au *Tiers Livre*, inaugurerait donc un"drame du doute et de l'impuissance" (p. 201) et"un désir perdu, méconnu ou mal interprété" (p. 202).

mais pas non plus à l'inertie du chétif, craintif, maladif dont Mario Roques a diagnostiqué jadis la névrose...

A vrai dire, ni ce genre de diagnostic, ni la symbolique sur laquelle il peut être discuté, ni d'ailleurs la question à laquelle il répondrait n'ont de réel intérêt. Le problème concerne le texte, non le comportement d'un personnage sinon en tant qu'il incarne des significations latentes dans le discours ; les préoccupations matrimoniales de Panurge, ses tergiversations ou son obstination, la dérision dont il se ferait la cible pour la répercuter immédiatement sur ses partenaires et parfois par quelque imprévisible chance sur ses commentateurs à venir, tout cela n'est que signe plus ou moins détourné de *ce qui se dit* dans le *Tiers Livre*, et aux alentours, seul véritable objet de la recherche. Laissons donc notre insatisfait pour considérer la configuration qui lui donne corps, rire et grimace.

Des amateurs d'histoires de héros ou de brigands, d'histoires d'amoureux, d'histoires de cocus, aucun ne trouverait ici son compte : il n'y a rien d'autre que des spéculations à plusieurs voix sur des possibles et sur leurs signes annonciateurs, jusqu'à l'unique événement, à la fin : un départ, pour une odyssée encore bien imprécise. Ce caractère du livre, déjà maintes fois signalé, en fait ressortir un autre, dans la fiction : tout se rapporte à une absence anonyme, réduite à une virtualité — l'hypothétique femme de Panurge, dont on ne saura jamais rien. Cela revient à dire que, saisi comme roman (et non comme document historique, ou sermon déguisé, ou étude de caractères, ou parade de foire, ou logogriphe sémiotique) l'ouvrage n'a pas d'autre ressort que les intentions qu'il suggère ou représente à l'égard de l'éventuel ; qu'il se dispose en direction de celui-ci comme autour d'une zone d'ombre, ou d'une lacune, son mouvement étant fait d'une série d'efforts pour en deviner quelque chose, et pour façonner ce "quelque chose" en image plaisante. Tout renvoie ainsi à une structure originelle de frustration et de désir, relative à un manque, et diversifiée selon les tentatives réitérées et toujours vaines pour anticiper sur un avenir qui s'actualiserait en données sûres, échec ou bonheur. C'est ce que dévoile le paradoxe du quatrain en lanternois.

Mais les éventualités, si elles restent en suspens, ne sont pas neutres. Elles s'appellent, entre autres, mariage et cocuage. Abstraction faite des référents variés de ces deux termes, il sera utile de scruter assez attentivement les quelques passages où le texte leur donne une certaine consistance. Le plus explicite présente, on pouvait s'y attendre, une singularité : c'est le discours contradictoire de Rondibilis. Nous avons vu qu'il présentait une image horrifique de la sexualité féminine, au point de faire surgir à travers la crainte traditionnelle du cocuage une hantise plus intime, d'insuffisance, autrement dit d'impuissance, déguisée en réprobation de la bestialité entrevue dans les pulsions hystériques de la partenaire ; que d'autre part il incitait Panurge à se prémunir contre son inquiétude avouée en s'abstenant de surveiller et de contraindre sa future épouse : en pariant, en somme, sur la vertu de celle-ci, imaginée selon le modèle qu'avait fourni Hippothadée ; et que ses auditeurs renchérissaient sur ce conseil, mais en lui donnant la forme à nouveau alarmante d'un constat de l'indocilité des femmes. En somme : l'objet du désir est menaçant, la conduite préconisée est téméraire — et pourtant, couplé avec le discours du théologien, celui du médecin forme une leçon de confiance. L'incertitude devient ainsi tension entre significations concurrentes et indissociables.

Il en est de même, de façon moins visible, de l'autre avis qui formule de vrais conseils (et pas seulement des annonces) : celui de Frère Jan. Il préconise l'exercice frénétique des ébats conjugaux assorti, le cas échéant, d'une gestion hédoniste du cocuage — ou d'une gestion hédoniste de la jalousie même, si l'époux a des ressources suffisantes pour ne jamais quitter l'"anneau de Hans Carvel". Là encore cependant rôde la crainte de l'impuissance, sous la forme à peine atténuée des perspectives de vieillissement présentées en réponse aux vantardises de Panurge :

> — Je t'entends (dit frère Jan) mais le temps mate toutes choses. Il n'est le marbre ni le porphyre qui n'ait sa vieillesse et décadence. Si tu n'en es là pour cette heure, peu d'années après subséquentes je t'oirai confessant que les couilles pendent à plusieurs par fautre de gibecière. Déjà je vois ton poil grisonner en tête...
>
> (XXVIII, p. 196)

Rapproché par ce dernier terme de la figure pitoyablement comique du "grison", le farceur réagit en inscrivant l'avertissement dans un programme de plaisir :

> — Vrai est qu'en moi je reconnais quelque signe indicatif de vieillesse, je dis verte vieillesse [...] C'est que je trouve le vin meilleur et plus à mon goût savoureux que ne soulais...
>
> (p. 197)

Quant aux conséquences hormonales de l'âge, il les refuse : "Gentil compagnon toujours, autant ou plus que jamais". Mais tout laisse entendre qu'il s'installe dans la fiction. Les exploits qu'il vient d'attribuer à sa braguette magique, il les situait sur les tréteaux de "la Passion qu'on jouait à Saint-Maixent" (ch. XXVII, p. 195), où elle faisait souffler l'esprit de paillardise sur tous les participants : "Il n'y eut Ange, Homme, Diable ne Diablesse qui ne voulût biscoter". Une liesse non moins effrénée, mais meurtrière, déferlera sur les mêmes lieux au *Quart Livre* (ch. XIII) : le seigneur de Basché, dans un récit du même Panurge, évoque la parade démoniaque à l'issue de laquelle Tappecoue est traîné à travers champs et mis en pièces par sa jument, emballée à la vue des diables auxquels Villon faisait jouer la Passion à Saint-Maixent. Point commun aux deux épisodes : l'irruption de l'imaginaire[80], sous le double aspect que peut prendre le délire de Dionysos — destructeur dans la "tragique farce" que décrit Basché pour exhorter ses commensaux à "bien jouer" leur rôle de cogne-Chicanous ; festif et sans doute fécond dans l'orgie universelle que déchaîne "la vertu et occulte propriété" de la braguette du "gentil compagnon". Ici en tout cas, Eros triomphe des menaces de dépérissement, mais de façon précaire. En réplique, Frère Jan qui connaît la puissance des destinées (et sait les transfigurer, nous l'avons vu au sujet de "l'Enigme en prophétie", mais autrement) persiste à rappeler le vieillissement prévisible, par le biais des interpellations : "Dis, couillon flétri, couillon moisi, couillon roui, couillon chaumeni, couillon pétri d'eau froide, couillon pendillant, couillon transi..." En réponse à l'apostrophe par laquelle il avait préfiguré l'allégresse virile des conseils de son ami, Panurge reçoit l'avalanche des cent soixante dix emblèmes terriblement concrets de l'impuissance : comme si celle-ci ne pouvait être conjurée que par la hâblerie ou la déraison, et ne s'éclipsait que le temps d'une parole de fête. Encore des significations violemment concurrentes, dont aucune ne doit être négligée.

D'autant que le système de tensions qu'elles créent se retrouve en partie, à une échelle différente, dans les rapports entre les épisodes centraux. Globalement, nous l'avons constaté, le discours de Frère Jan est amical et réconfortant, même au sujet du cocuage. Celui de Her Trippa, qui le précède, est entièrement défavorable : asséné avec une sorte de rage, c'est un amas de prédictions péremptoires, établies sur indices d'abord, puis formulées *a priori*, le devin annonçant avant épreuve les signes qu'il trouvera, puis vidées même de ces signes, et réduites aux noms des méthodes de divination. A la fin les signes

---

80 Voir sur ce point "Jeux de massacre : la *tragique farce* du seigneur de Basché" dans les actes du colloque *Dionysos* (Montpellier 1993), à paraître.

reparaissent, toujours conjecturaux et toujours néfastes : un coq sélectionnera les lettres "cocu sera", un mort ressuscité pour l'occasion prédira des catastrophes... Pas d'autre recours que d'envoyer le sinistre sorcier au diable, se faire "lanterner à quelque Albanais" (comme s'il pervertissait jusqu'aux connotations du mot "lanterne "). Panurge a-t-il raison de réagir par des imprécations ? Les pronostics sont véridiques, la logique de la lecture l'exige. On se souvient en effet de la configuration mise en lumière par E.M. Duval[81] au centre de l'épisode : Panurge se moquant des infortunes conjugales de Her Trippa sans songer à celles qui lui sont réservées est justiciable du brocard évangélique de la paille et de la poutre (qu'il allègue lui-même) ; et le lecteur qui rit de son inconscience s'expose au même reproche. Pour que le dispositif fonctionne, il faut présupposer que le consultant est effectivement voué au cocuage. D'où il suit que sa fureur, considérée rationnellement par rapport à la situation présente ou imminente, est injustifiée (ou plus exactement doit être saisie comme telle). Pourtant elle sonne juste, et personne n'a l'idée saugrenue de trouver des vertus au magicien : V.L. Saulnier tire même argument de son évidente malveillance et de son charlatanisme pour contester qu'il puisse figurer Corneille Agrippa, Rabelais n'ayant pas de raison précise de vouloir attaquer celui-ci. Est donc suggéré le point de vue de l'espoir fictif, qui dément le prophète de malheur en dépit du présupposé qui accrédite ses prédictions.

De ce même point de vue peut se comprendre la réplique de Panurge à l'indécision d'Epistémon. Le savant, consulté au nom de Jupiter Philios, a mis beaucoup de bonne volonté à inspecter les moyens de prescience en honneur dans l'Antiquité, pour découvrir comme de juste que son ami ne saurait s'y fier. Le "génie" tutélaire de chacun, selon Platon ? "il y a de l'abus beaucoup", un "gentilhomme studieux et curieux du pays d'Estangourre" l'aurait appris à ses dépens. Les oracles des

---

[81] Voir plus haut ch. III p. 66-67 et note 46.

sanctuaires ? Epistémon en énumère vingt-deux, pour conclure sur une hésitation suivie d'une double réserve :

> ... je serais d'avis (par aventure non serais) y aller et entendre quel serait leur jugement sus votre entreprise. Mais vous savez que tous sont devenus plus muts que poissons, depuis la venue de celui Roi servateur auquel ont pris fin tous oracles et toutes prophéties [...]. Ores toutefois qu'encore fussent en règne, ne conseillerais-je facilement ajouter foi à leurs réponses. Trop de gens y ont été trompés...
>
> (XXIV, p. 173-174)

Ce n'est pas un tel avis qui devrait tirer le consultant de sa perplexité. Pourtant Panurge introduit par une formule de surenchère ("Mais faisons mieux... ") le projet de partir vers "les îles d'Ogygies" consulter un bizarre oracle de Saturne censé "apertement prédire, à un chacun qui veut l'entendre, son sort, sa destinée et ce que lui doit advenir". Que signifie cette anticipation sur le voyage vers la Bouteille ? Assez aberrante pour provoquer un sursaut de l'interlocuteur — "C'est abus trop évident et fable trop fabuleuse" — elle est inspirée par le traité de Plutarque *De la face qui apparaît au rond de la lune*, où les îles Ogygies font figure d'une sorte de paradis initiatique, délicieusement tempéré, parfumé d'ambroisie, etc. : un reste des *Saturnia regna* encore plongé dans la sérénité de l'âge d'or originel. En réponse à l'incertitude, c'est un rêve de bonheur autant que de connaissance ; mais un rêve seulement, et peut-être bien une moquerie à l'adresse de l'humaniste qui évaluait scrupuleusement la fiabilité des anciens porte-parole des dieux.

Contre la peur de l'impuissance, une fantasmagorie orgiaque ; contre les paroles de mauvais augure, le défi de l'irréflexion ; contre les doutes du grand savoir, l'élan vers les contrées fabuleuses. Toutes ces réactions sont empreintes d'extravagance, en ce qu'elles prennent acte des menaces et des déceptions pour rebondir avec plus de force vers le futur espéré, au prix d'une contre-vérité. Toutes sont affectées de précarité, puisque Panurge n'arrive pas à s'en satisfaire. Mais toutes illustrent le coup de force rabelaisien qui, ayant de la frustration fait surgir le désir, confirme ce désir et en mesure l'énergie en lui faisant démentir le réel[82].

Rabelaisien, et non strictement panurgien, ce coup de force ne se limite pas aux perspectives de l'existence individuelle. Il est figuré au tout début de la rédaction du cycle romanesque, sous la forme ambitieuse d'une réécriture de la Genèse et de ses suites au premier chapitre du *Pantagruel* de 1532. Comme l'a fait observer Michel Jeanneret[83], les "grosses mesles" qui provoquent le gigantisme sont produites juste après le meurtre d'Abel, par la terre que son sang a rendue fertile, ce qui, tout en rappelant l'adage *Sanguis martyrum semen christianorum*, prend "au rebours" le texte sacré, selon lequel la terre ensanglantée devait refuser ses fruits (*Gen.* IV, 12 : *non dabit tibi fructus suos*) ; ces mesles sont "belles à l'oeil et délicieuses au goût" (p. 10), comme tout ce que porte le verger de l'Eden (II, 9, *omne lignum pulchrum visu et ad vescendum suave*) et singulièrement comme le fruit défendu (III, 6, *bonum ad vescendum, et pulchrum oculis aspectuque delectabile*) ; mais en les mangeant les hommes n'encourent pas d'autre sanction que l'"enflure bien étrange" de divers membres : au lieu de la Chute, c'est une bizarrerie de la nature, qui suggère, plutôt qu'un maléfice, l'exubérance volontiers triomphale de ce que Mikhaïl Bakhtine appelle le "corps grotesque". Le jeu ne s'arrête pas là. Edwin M. Duval, remarquant que le nombre des ancêtres de Pantagruel depuis "Chalbroth" restait invariable, alors que les autres listes du roman (catalogue de Saint-Victor, répertoire professionnel des

---

82 Cf. G. Nakam,"Rire, angoisse, illusion", dans *Europe* n° 757, mai 1992, p. 21-35.

83 "Polyphonie de Rabelais", *Littérature* n° 55 (Oct. 1984) repris dans *Le défi des signes,* Paradigme, 1994, p. 136-137.

damnés) sont amplifiées d'une édition à l'autre, a rapproché ce nombre, 61, de celui des ancêtres du Christ depuis Adam, 62[84]. Compte tenu du fait que Chalbroth est contemporain de Caïn, donc de la seconde génération humaine, les généalogies sont exactement de même chiffre : 62 = 61+1. Cette congruence certainement calculée fait-elle du bon Pantagruel une réplique fictive du Messie ? il est permis d'en douter. Mais elle institue certainement une temporalité mythique parallèle à celle de l'Ancien Testament, une autre histoire scandée par les générations de géants avec, pour épisode à l'origine de la lignée, leur enflure typiquement burlesque, d'autres fantaisies venant par intermittences varier la série. Comme pour marquer le caractère aberrant de la fiction, la première de ces fantaisies a trait à "Hurtaly, qui fut beau mangeur de soupes et régna au temps du déluge" (p. 13) : elle rappelle que la continuité de la race est exclue par l'extermination diluvienne. Rabelais le précise un peu plus loin sous forme d'une question de naïf :

> Et demandez comment il est possible que cela soit, vu que au temps du déluge tout le monde périt, fors Noé et sept personnes avec lui dedans l'Arche, au nombre desquels n'est point mis ledit Hurtaly.

En réponse, il s'amuse à emprunter au *Pirqé* de Rabbi Eliezer, selon Marie-Luce Demonet[85], une tradition talmudique sur la survie du géant Og, roi de Basan, prétendûment attestée par *Deut.* III, 11, qu'il arrange à sa guise en rebaptisant le rescapé.

---

84 *The redemptive design of the Pantagruel*, Yale University Press, 1991, p. 31-32. E.M. Duval avait présenté dès Mars 1984 l'essentiel de ces considérations dans son article"Pantagruel genealogy and the redemptive design of Rabelais' *Pantagruel*" paru à cette date dans P*apers of Modern Languages Association*, p. 162-178.

85 *Les voix du signe*, Champion 1992, p. 126-128. Au sujet de cette source, M.A. Screech (*Rabelais*, p. 69) cite Sébastien Münster qui présente les légendes relatives au géant Og comme des"choses que l'on ne peut lire sans rire" (*Hebraïca Biblia*, 1534).

Enfin l'onomastique gigantale, où se reconnaissent des sources manifestement hétéroclites (Bible, mythologie gréco-latine, romans de chevalerie, folklore, contes de nourrices, quolibets...) confirme, s'il en est besoin, la nature hautement fantaisiste de la généalogie : canevas d'un mythe des origines concurrent de l'Histoire Sainte à laquelle il renvoie, éludant la Chute, faisant entrevoir plutôt une farce du Créateur, et où le seul malheur, mentionné dans une addition, est l'apparition de la vérole, dont le géant Etion aurait été la première victime (p. 13, var. l. 83)... Au chapitre suivant, la sécheresse et la dévastation ; mais aussi la soif, muée en joyeux désir par l'influence du dernier descendant de ceux qui ont croqué la mesle.

Un dispositif encore plus insolite et contrasté, avec un enjeu philosophique plus visible, régit les derniers chapitres du *Gargantua*, au sujet de Thélème. Cette fois-ci, ce n'est pas le temps historique mais celui de la fiction qui se dédouble. On sait que l'agencement narratif qui prédominait dans la guerre picrocholine, et surtout dans ses derniers chapitres, s'efface à partir de l'instant où Frère Jan et Gargantua ont entrepris de formuler, à deux voix, le projet d'abbaye à l'envers : leurs décisions prennent au bout d'une page le tour impersonnel des prescriptions statutaires ("fut ordonné...", "fut décrété... ") ; le temps perd sa linéarité, par passage inopiné à l'imparfait (au dernier alinéa : "les femmes y *étaient reçues*...", ch. L, p. 284) comme si l'abbaye était déjà en place ; au chapitre LI, passé l'instant de la dotation, tout est descriptif (configuration des bâtiments, vêtements et occupations des Thélémites) ou discursif (inscription sur la porte). Le passé simple, temps du récit, n'est employé qu'au sujet de la "réforme" vestimentaire mentionnée au début du chapitre LIV, pour la présenter comme un événement postérieur à l'époque de la "fondation" et à une première période au cours de laquelle chaque "dame" s'habillait à sa guise ; ce qui rejette assez loin dans le passé le moment des projets et de la construction. Ce moment ressurgit pourtant, sous prétexte de précision supplémentaire, à la fin du chapitre LV, lorsqu'on trouve en creusant les soubassements la "grande lame de bronze" où est gravée l'énigme en prophétie. Bref, Thélème (mais non la découverte de cette énigme) est présentée en marge de la fiction romanesque, et comme dans un temps différent[86].

Non sans raison : c'est un autre monde, soustrait à la violence, à la coercition et au mal qui ravage encore celui que connaissent les personnages. Au moment où se déchaînait Picrochole, le bon Grandgousier, écrivant à son fils, expliquait :

> ...Dont j'ai connu que Dieu éternel l'a laissé au gouvernail de son *franc arbitre et propre sens, qui ne peut être que méchant* si par grâce divine n'est continuellement guidé...
> (ch. XXVII, p. 181)

Il est difficile de retrouver cette orthodoxie augustinienne dans l'anthropologie sur laquelle repose le "Fais ce que voudras" des Thélémites, à moins de voir en ceux-ci des justes régénérés et définitivement constitués sous la grâce (ce qui serait plausible, mais dans un cadre de pensée assez hétérodoxe, que nous examinerons plus tard). Car s'il s'est probablement inspiré du *Dilige, et quod vis fac* de S. Augustin, Rabelais l'a profondément modifié en retranchant le premier verbe. Non qu'il ait voulu écarter le précepte d'amour (de Dieu et du prochain) qui résume l'enseignement du Christ, l'hypothèse serait absurde ; mais il en modifie la place et la fonction. Dans la formule augustinienne, l'impératif initial, "Aime...", pose la condition à laquelle est subordonné l'exercice de la liberté : fais ce que tu veux, pourvu que tu observes le premier commandement. Dans celle de Rabelais, la condition disparaît ; et le commentaire qui suit établit que toute conduite vertueuse est *conséquence* de la liberté, du moins en des êtres bons par nature. Il a pour corollaire une assertion symétrique : toute loi contraignante

---

86 Michel Beaujour (*Le jeu de Rabelais*, L'Herne, 1969) a mis en lumière cet aspect du texte par des analyses très précises ; ses conclusions sont différentes.

provoque la transgression, car ceux qui y sont assujettis "détournent la noble affection par laquelle à vertu *franchement* tendaient, à déposer et enfreindre ce joug de servitude "[87]. Et la dernière formule réintroduit la liberté comme principe de la complaisance mutuelle qui unit les Thélémites : "*Par cette liberté* entrèrent en louable émulation de faire tous ce qu'à un

---

[87] Ch. LV, p. 303. Dans la dernière expression, M.A. Screech (Rabelais, p. 255) reconnaît une allusion à l'épître où S. Paul recommande aux Galates de ne pas se remettre sous le joug de la Loi mosaïque (V, 1, *State, et nolite iterum jugo servitutis contineri*). Il est possible que les mots soient empruntés, mais ils sont employés dans un tout autre esprit ; car l'apôtre n'envisageait pas une rébellion contre la loi contraignante, mais une délivrance déjà opérée par le Rédempteur (cf. la version d'Olivétan :"Tenez-vous donc en la liberté par laquelle Christ nous a affranchis") ; et il enjoignait à ses fidèles de continuer à bénéficier de cette délivrance obtenue, au lieu de retomber sous le joug (*iterum*, selon la Vulgate,"derechef" dans la Bible d'Olivétan). Rabelais, lui, décrit une émancipation spontanée, en connotant même, par le mot"détournent", les risques de déviation (cf. ci-avant, ch. IV, p. 86-88). — D'autres rapprochements paraissent encore plus contestables. Le dicton"Fais ce que voudras, il sera tard quand tu mourras", cité p. 253, peut bien figurer sur les livres d'heures à titre de mise en garde contre la repentance tardive ou simplement de rappel de la précarité des projets humains : l'impératif y a valeur hypothétique (= quoi que tu fasses... ; cf. La Fontaine, *Fables*, VI, 19,"Soyons bien buvants, bien mangeants, / Nous devons à la mort des trois l'un en dix ans") et non pas prescriptive comme à Thélème ; si bien que les formules sont homonymes, mais n'ont aucun rapport entre elles. Quant à l'assimilation de l'"honneur" des Thélémite à la syndérèse, p. 254, elle néglige le fait que celle-ci est régulièrement décrite, conformément à l'étymologie, comme une instance intérieure de vigilance en lutte contre les pulsions mauvaises, au point de coïncider avec le remords : Bourdaloue parle de"syndérèses importunes" par lesquelles la conscience"empêche la prescription de l'erreur qui nous fait agir". Les Thélémites, eux, sont stimulés positivement vers le bien, en vertu de la"louable émulation" qui procède elle-même, Rabelais le précise, de leur liberté. On approuvera donc volontiers M.A. Screech de trouver"amusant de penser que certains ont vu dans ce passage de Thélème une réfutation de la notion de péché originel" (p. 254) : la notion d'état de grâce suffit en effet à rendre compte de la rectitude du vouloir des Thélémites, et si l'on peut y soupçonner quelque hétérodoxie, comme on le verra ci-après au ch. VIII, ce ne serait pas la négation pure et simple de la faute originelle. Mais il n'y a pas lieu d'aller plus loin, pour remodeler de force le texte sur les doctrines dont il annexe parfois quelques énoncés.

seul voyaient plaire...", dans un univers sans conflit, tout en fêtes conviviales et en jeux.

Mais ce paradis du bon vouloir reste en marge ou au-delà de l'histoire présente. Dès que le conteur revient à celle-ci, comme témoin du moment où l'on creuse les fondations du "séjour d'honneur", la perspective change, selon les mots de l'Enigme :

> *Pauvres* humains qui bon heur *attendez*,
> Levez vos coeurs...

Il faudra construire l'édifice, par la foi et l'espérance, face aux épreuves imminentes de la fin des temps ; en attendant, c'est encore un mirage. Déjà vivace dans le cœur des hommes de bonne volonté, l'image radieuse est en même temps à l'horizon de leur longue marche vers un nouveau Canaan. Gargantua et Frère Jan, hommes du présent, à l'issue des combats contre Picrochole, conjuguent leurs énergies pour fonder l'abbaye ; ils n'y résident pas : Moïse non plus n'a pas pénétré dans la terre promise. Sur cette lancée, le mythe des derniers jours est lui-même contrasté, entre Jérusalem nouvelle et désastres, comme celui des origines et aboutissements de la généalogie de Pantagruel, entre exubérance et altération. Seulement l'ultime gage de bonheur, analogue à l'avènement de la soif dionysiaque et du plaisir de l'étancher, est plus mystérieux : c'est le sens anagogique de la partie de jeu de paume[88] que Frère Jan décèle en riant sous la menace d'apocalypse, pour anticiper sur les promesses dans les épreuves mêmes, saisies comme une divine comédie.

Il est assez clair que selon l'ordre de rédaction du roman, où le *Pantagruel* précède le *Gargantua*, l'écart entre allégresse et besoin s'accuse et même se dramatise. Dans le premier écrit il se situait sur le plan des mythes et des symboles, en filigrane, et sa résolution s'imposait sans peine : la gaîté de la pseudo-Genèse

---

88 Voir ci-avant, ch. I, p. 18-19.

ne suffit pas à reconstituer un paradis perdu, et inversement le supplice de la soif est bien facilement déchiffré en désir de bon vin, surtout après l'allusion à Noé et à sa "nectaréique, précieuse, céleste et déifique liqueur qu'on nomme le piot", dès le début du premier chapitre. Dans le *Gargantua* en revanche, l'utopie de Thélème captait bien des rêves d'humanistes et d'évangéliques des premières décennies du siècle, et les prophéties de l'Enigme, surtout si elles ont été inspirées par l'affaire des Placards d'octobre 1534, faisaient écho à un désarroi que l'actualité ne justifiait que trop. Quant à leur réinterprétation par Frère Jan, elle pourrait passer pour de l'humour noir, si elle n'avait des précédents dans les formes extrêmes de spiritualité aussi bien que dans les jeux d'équivoques des rhétoriqueurs. Et surtout, conformément aux principes exégétiques indiqués à la fin du prologue, la fantaisie et l'ivresse ont un rôle déterminant dans ce déchiffrement enthousiaste : le personnage qui le propose, en concluant sur un mot convivial — "et grand chère !" — rappelle son irruption dans le banquet des géants, où il a montré autant d'ardeur à manger et à boire qu'auparavant à défendre la vigne. Est ainsi mis en place un schéma dynamique où le rapport entre détresse et exaltation, variante amplifiée du rapport entre frustration et désir, n'est assuré que par l'intervention d'un énergumène suspect de déraison, bouffonnant avec appétit à côté du héros tenté par la gravité.

Toute l'armature du *Tiers Livre* est formée à partir de ce schéma, rendu beaucoup plus troublant par ses deux innovations majeures : d'une part l'abandon des récits pseudo-épiques à dénouement triomphal qui faisaient primer l'allégresse dans les romans précédents, d'autre part l'irruption au premier plan d'un sophiste inspiré bien plus énigmatique que ne l'était l'abbé de Thélème avec ses visions de bon buveur, et plus largement tributaire de la déraison, à proportion de l'acuité des questions qu'il se pose, et qu'il pose.

VIII. "BON ESPOIR Y GÎT AU FOND".

S'il est vrai que le thème principal du *Tiers Livre*, désir de mariage et crainte de cocuage, peut sembler relativement futile, comparé aux ultimes perspectives du *Gargantua* ouvertes sur la fin des temps et la promesse du salut, il soumet à une interrogation permanente le point le plus positif du message philosophique qui concluait ce roman désormais placé à l'origine du cycle : la notion de *thelema*, de volonté authentique, sur laquelle est fondée la règle du "séjour d'honneur". Car toute la question de Panurge est là, son ami le lui a dit dès qu'il l'a vu tout à la fois tergiverser et revenir obstinément à son projet, dans la "chanson de Ricochet" où il lui a donné la réplique : "N'êtes-vous assuré de *votre vouloir* ? Le point principal y gît" (ch. X, p. 80). Les Thélémites faisaient *ce qu'ils voulaient,* et vivaient heureux dans la complaisance mutuelle ; nous avons entrevu leur liberté, et ses conséquences ; mais qu'est-ce que ce "vouloir" préalable aux actes, même insignifiants en eux-mêmes (boire, jouer...) en lesquels il se concrétise ?

Dans un article d'une extrême importance[89], Per Nykrog a dégagé le sens de l'étymon scripturaire du nom de l'abbaye : le mot grec ϑελημα (*thelema*), rare dans la langue classique, est employé dans les Evangiles pour désigner la volonté du Père (Matthieu, VII, 21), et il apparaît notamment au second verset du *Pater Noster* ("que ta volonté soit faite "). Il ne correspond pas à

---

89 "Thélème, Panurge et la Dive Bouteille", *Revue d'Histoire Littéraire de la France*, Juillet-Septembre 1965. Il est surprenant que cet article ait eu si peu de retentissement dans les études rabelaisiennes.

l'analyse des instances psychiques, banale depuis Platon, qui oppose la volonté réfléchie, déterminée après délibération rationnelle (*boulè*) à la pulsion instinctive et désordonnée du désir (*épithumia*) qu'elle doit réfréner ou pour le moins contrôler ; au contraire, il désigne un vouloir dans lequel spontanéité et sagesse se confondent, Dieu n'ayant pas à délibérer ni à lutter contre une part de lui-même pour exercer sa volonté. Appliqué à l'homme, il assimilerait la volonté droite du juste sanctifié à cette volonté divine qui œuvre en lui. Les Thélémites, affranchis de la contrainte de la Loi, conforment spontanément leurs actes à la Charité, sans avoir à lutter contre des tendances perverses. Telle est du moins l'interprétation de Per Nykrog, à laquelle nous souscrirons volontiers. Il faut cependant la compléter par celle de Gilles Polizzi, qui a mis en lumière les traces laissées dans le *Gargantua* par l'*Hypnerotomachia Poliphili,* de Francesco Colonna. Le héros de ce récit, dans son itinéraire initiatique, a été envoyé par la reine Eleuthérilide (liberté) vers le royaume de Télosie (finalité) en compagnie des deux nymphes Logistique (raison) et *Thélémie* (vouloir). Arrivé devant trois portes, qui s'ouvrent respectivement sur la vie dévote, la vie héroïque et la vie amoureuse, il choisit, en dépit des conseils de Logistique et avec l'accord de Thélémie, la porte de la vie amoureuse. "On pourrait croire, écrit G. Polizzi, que Poliphile [...] suit l'inclination d'un désir plus proche de l'*epithumia* que de la 'volonté intérieure'. Mais dans la suite du récit la rencontre de Polia et les inscriptions du temple de Vénus justifient son choix et montrent que Thélémie lui a fait reconnaître, cachée parmi les nymphes de la porte de l'Amour, Télosie, c'est-à-dire son destin "[90],. C'est

---

[90] "Thélème ou l'éloge du don : le texte rabelaisien à la lumière de l'*Hypnerotomachia Poliphili*", *Réforme, Humanisme, Renaissance* n° 27, Décembre 1987, p. 51. — Les"inscriptions du temple de Vénus" sont les deux maximes : *Trahit sua quemque voluptas* (Virgile, Eglogues II, 65 : chacun cède à l'attrait du plaisir qui lui est propre) et *Pan deî poieîn kata tèn hautou physin* (il faut que chacun agisse selon sa nature). Voir F. Colonna, *Le Songe*

exact ; précisons que cette seconde référence, garantie par les multiples autres allusions au *Poliphile* accumulées dans les pages sur Thélème, introduit Eros dans le vouloir décrit par P. Nykrog sur le modèle de la volonté divine : ce qui laisserait entendre qu'un authentique désir peut se confondre avec l'impulsion de l'Esprit. Le trait commun, en tout cas, et essentiel, est la spontanéité heureuse de celui qui assume sa vocation et l'accomplit sans hésiter.

C'est là justement ce que met en question le *Tiers Livre*, en présentant un étrange héros (ou un anti-héros, si l'on se réfère aux énergies qu'exalte l'épopée) incapable apparemment de vouloir vraiment ce qu'il veut, passant son temps à remettre en cause sa décision initiale, et à la défendre pourtant avec toutes ses ruses de sophiste contre les avis qui l'en détourneraient ; en faisant se profiler la frustration dans son désir même, si obstiné qu'il soit, sous la forme d'appréhensions non moins obstinées ; en lui faisant finalement choisir la "folie", principe d'erreur assumée et de plaisir, tout en différant encore l'acquiescement définitif jusqu'à ce que l'oracle dionysiaque auquel il se fiera lui ait déclaré son destin. Tout se passe comme si Rabelais s'interrogeait sur le principe de conduite entrevu dans l'utopie finale de son *Gargantua*, nullement compromis par les fantaisies du *Pantagruel* (où la vocation héroïque du géant en tiendrait lieu, superficiellement), mais butant enfin sur la question facétieuse : si je fais ce que je veux et si ma future femme fait ce qu'elle veut, ne serai-je point cocu ? L'abbé de Thélème, bien entendu, a su répondre, en promettant le plaisir dans tous les cas. Pantagruel aussi, mais sans promettre le plaisir : il est raisonnable. Quant à Raminagrobis, il a suggéré le plaisir, mais sans répondre : il est poète. Panurge, qui n'a ratifié aucun des avis, reste perplexe, peut-être parce que son rôle est de faire douter ; ou, plus précisément, de faire voir ce que peut avoir de

---

de Poliphile, éd. G. Polizzi, Imprimerie Nationale (coll."La Salamandre"), 1994, p. 203.

problématique cette notion de *thelema*, sans la discréditer ni l'accréditer (son rôle de sophiste excluant toute fonction normative). Pour rendre compte de cette inflexion critique de la pensée du romancier-philosophe, il est nécessaire d'avoir égard à certaines circonstances historiques de la parution du *Tiers Livre*. Inutile de les chercher très loin : elles sont discrètement indiquées à la première page du livre.

L'ouvrage commence en effet par un dizain que "François Rabelais", nommément, adresse "à l'esprit de la reine de Navarre" :

Esprit abstrait, ravi et extatic,
Qui fréquentant les cieux, ton origine,
As délaissé ton hôte et domestic,
Ton corps concord, qui tant se morigine
A tes édits, en vie pérégrine
Sans sentement, et comme en Apathie,
Voudrais-tu point faire quelque sortie
De ton manoir divin, perpétuel ?
Et çà-bas voir une tierce partie
Des faits joyeux du bon Pantagruel ?

— On ne saurait marquer avec plus d'insistance les aspects mystiques de la pensée de Marguerite : chacun des mots du premier vers la voue à une perpétuelle extase, et toute la suite confirme ce ravissement qui élève l'"esprit" jusqu'au ciel, laisse le corps "en apathie" (soustrait à toute passion) au cours du voyage terrestre, et anticipe sur la condition des bienheureux entrés au "manoir" de Dieu. Louange hyperbolique ? pas seulement. Ce fervent hommage désigne avec précision des questions de spiritualité et de morale qui devaient être agitées dans l'entourage de la reine, dès longtemps déjà, mais spécialement depuis la parution en 1545 du violent pamphlet de Calvin *Contre la secte fantastique et furieuse des libertins qui se nomment spirituels* ; ce qui, après quelques détours indispensables, va nous ramener au problème du *thelema*.

Celui que Rabelais devait plus tard appeler le "démoniaque Calvin, imposteur de Genève" (*Quart Livre*, ch. XXXII, p. 152) attaquait en particulier dans ce pamphlet Antoine Pocque, qui en 1543 avait prêché devant Marguerite, et devait figurer en 1548 encore sur son état en qualité d'aumônier[91] ; il le présentait comme le principal maître et propagateur de la "secte", avec Quintin, accueilli avec lui à Nérac. Il s'en prenait d'abord au langage obscur et captieux de ces "libertins", qui "gazouillent tellement qu'on n'y entend quasi non plus qu'au chant des oiseaux" (ch. VII) "[92] pour tromper les simples et esquiver les réfutations des doctes ; il leur reprochait de falsifier le sens des Ecritures "par expositions allégoriques" (IX, col. 174), et en particulier d'"abuser en plusieurs sortes du mot d'Esprit, lequel ils ont toujours en la bouche" (X, col. 176) : en l'appliquant confusément "à tout ce qui leur vient en la tête", expliquait-il, ils troublent leurs auditeurs,

> ils les embabouinent en leur faisant accroire qu'ils sont tout spirituels et divins, et qu'ils sont à demi ravis avec les Anges [...] Si donc quelqu'un de bon zèle tombe entre les mains de ces galants, quand il ne les orra parler que d'esprit, et que la parole de Dieu n'est qu'esprit, et que Jésus-Christ semblablement est esprit, et qu'il nous faut être esprits avec lui, et que notre vie doit être esprit : il lui semblera de prime face que ce sont bons zélateurs [...] Mais puis après

---

91 Ces informations sont puisées dans la notice de V.L. Saulnier sur la *Comédie de Mont de Marsan* (Marguerite de Navarre, *Théâtre profane*, Droz 1946, p. 246-272) où l'on trouvera un exposé synthétique de la doctrine des"libertins spirituels" (p. 246-249).

92 *Corpus Reformatorum*, vol. XXXV (*J. Calvinis opera,* vol. VII), Brunswigae, Schwetschke, 1887,col. 168. Toutes les citations du pamphlet (mentionné sous le titre abrégé *Lib. Spir.*) auront pour références, données ci-après dans le corps du texte, les numéros de chapitres et de colonnes de cette édition.

> ils viennent dégorger leur venin, et tombent de ce haut parler, comme dit saint Jude, à une doctrine brutale.
> (X, col. 177)

Les chapitres suivants exposent et critiquent article par article cette "doctrine brutale" : que l'Esprit de Dieu, qui seul agit en nous (XI, col. 179) et a désormais aboli le péché (XII, col. 181) inspire et justifie tout acte (XIII, col. 184), y compris les méfaits, dès lors innocentés (XIV, col. 191) si bien que "nul ne devra plus faire conscience de rien" (XV, col. 192) et "qu'il n'est point licite de rien condamner" (XVI, col. 194). Telle est en effet selon Calvin la façon dont les libertins comprendraient la régénération en Christ : ce serait "de ne plus être touché en son cœur de rien qui soit, mais vivre à plaisir, sans difficulté" (XVIII, col. 201), de "faire tout licite à l'homme (...) afin qu'il n'y ait rien qui le retienne et empêche de se donner du bon temps" au nom de la "liberté chrétienne" (XIX, col. 206) et de la "vocation" de chacun, assimilée à ses tendances, si bien qu'"ils veulent que chacun ait son appétit pour règle, et que le cœur de l'homme soit le maître de sa vocation, selon qu'il le pousse "(XX, col. 212). En procèderaient l'amour libre, baptisé mariage spirituel (*ibid.*), et la communauté des ressources, "absurdité [...] répugnante au sens humain", (XXI, col. 214) que les libertins emploieraient à spolier leurs dupes (col. 220). Leur dernier "dogme" a trait à la résurrection : il faut selon eux

> que l'homme sache que son âme n'est que l'esprit immortel, qui est toujours vivant au ciel ; et que Jésus-Christ par sa mort a aboli le cuider [= le mal, tenu pour illusoire], et par ce moyen nous a restitué la vie, qui est de connaître que nous ne mourons pas [...] Ils concluent que l'esprit est rejoint à l'essence de Dieu, tellement qu'il n'y demeure qu'un esprit seul.
> (XXII, col. 221)

A titre d'exemple, le polémiste cite et commente enfin "un certain coq-à-l'âne de messire Antoine Pocque", entendons des fragments de sermon, ainsi nommés "pource que les propos qui y sont traités s'entretiennent aussi bien que crottes de chèvres, comme chacun verra" (XXIII, col. 226 — les citations de Pocque seront ci-après en italiques, pour éviter toute confusion). On y distingue, en dépit d'une certaine obscurité, d'abord le renoncement au rôle de censeur ("*la grande erreur où j'étais, de vous vouloir reprendre et corriger* ") ; commentaire de Calvin : "sa principale sagesse est de laisser cheminer un chacun selon son sens" (col. 227). Suit une action de grâces pour la régénération :

> *les œuvres de la loi me sont passées, et suis appelé avec les anges, et fait fils de Dieu, et héritier d'immortalité, et membre de Christ, et nos corps temples du saint Esprit, et nos âmes les images et les lieux secrets de la divinité. Et cette horrible bête de serpent appelé le Diable,[...] c'était donc orgueil ou avarice ou le monde, lequel fine déjà par feu*
> (col. 228)

— "ce ne sont que vessies bien gonfles en apparence, note Calvin, et au reste pleines de vent, sinon que sous l'enflure de ces écumes sont déjà cachés beaucoup de leurs blasphèmes. Car déjà il veut introduire cette résurrection fantastique dont j'ai parlé. Après, combien qu'il nomme le Diable, toutefois il dénote que ce n'est que par imagination...". Mais l'essentiel du sermon, et de la censure, touche à l'application de cette théorie de la régénération à l'attitude envers le péché. Pocque veut ignorer celui-ci, "*Car il est écrit : tout est net aux nets*" (col. 231), et la charité commande le pardon sans condition ; Calvin s'insurge : "ce pouacre applique cette sentence pour faire trouver les larcins, paillardises et meurtres, choses nettes et saintes" (col. 232). Même indignation contre la réciproque, "*celui qui voit péché, péché lui demeure*" : "ce galant prétend de ravir les simples en cette imagination, qu'ils ne distinguent plus entre le bien et le mal" (col. 234). Plus loin, dans une allégorie assez confuse sur la création d'Eve, figure de l'Eglise épouse du Christ, il faudrait déceler "leur doctrine des mariages spirituels, que chacun s'accouple où il lui viendra à point" (cl. 237) ; une exhortation à "*nous laisser mener selon le vouloir de Dieu*" est interprétée comme enjoignant "que l'homme se laisse mener selon son appétit, sans faire conscience de rien" (col. 238) ; et lorsque Pocque invite à dépasser la vie terrestre pour "*venir à l'esprit*" et ajoute : "*Maintenant nous sommes vivifiés avec le second Adam, qui est Christ, ne plus voyant le péché pource qu'il est mort*", le censeur explique : "Le mot d'esprit ne leur est point grâce de régénération, mais cette fantaisie que Dieu est en nous, et qu'il le faut laisser faire ce qu'il veut. On voit aussi qu'ils entendent par la vie que nous avons en Jésus-Christ : c'est que tout nous est licite et qu'il n'y a point de mal, moyennant que nous n'en ayons nul sentiment" (col. 239). Enfin, après une dernière exhortation à la charité qui "*couvre la multitude des péchés, et ne voit point de péché*"", Pocque concluait en faisant parler le Christ :

> *Je le vous dis afin que vous ayez paix l'un avec l'autre, c'est-à-dire en moi ; vous aurez oppressions au monde. Ayez confiance, j'ai vaincu le monde. Mais ceux qui sont en chair ne peuvent voir Dieu. Car il est écrit : la chair et le sang ne possèderont point le royaume de Dieu. Puis il est dit : bienheureux et bénis sont ceux qui sont nets de cœur, car ils verront Dieu.*

— Commentaire de Calvin : de ces "sentences mal cousues [...] le but est, qu'il ne faut plus que nous soyons en chair pour voir Dieu. Par lequel mot il entend que nous ne devons plus faire conscience de rien, mais estimer que nous sommes déjà en Paradis, puisque Jésus-Christ y est, lequel est en nous" (col. 241). Et le chapitre se termine sur la déclaration suivante :

> Parquoi chacun peut voir et quasi toucher au doigt combien j'ai parlé à la vérité de ces bêtes enragées, sans leur rien imposer par calomnie pour les charger ou les rendre

> odieux. Car ce beau chef d'œuvre de messire Antoine Pocque rend témoignage.
>
> (col. 241)

Disons que le témoignage n'est pas immédiatement probant. Il serait téméraire cependant de taxer le réformateur de calomnie, en lui reprochant d'interpréter "perversement et contre tout usage de raison" les vaticinations de Pocque. Peut-être avait-il des raisons précises de suspecter les intentions de celui-ci ; sans doute aussi son regard de gardien de la nouvelle Eglise distinguait-il des risques de laxisme moral et de divagations doctrinales dans de tels sermons. Quoi qu'il en soit, il mettait en cause deux points qui ne pouvaient laisser indifférents ni Rabelais, ni l'"esprit abstrait, ravi et extatic" auquel il dédie son roman : la régénération spirituelle anticipant sur la vision en Dieu des ressuscités, et l'abandon aux impulsions spontanées que ne contamine plus le péché. Autrement dit, l'état de grâce des Thélémites et la mystique de l'éblouissement esquissée à la fin des *Prisons*.

La réponse de la reine de Navarre prendra la forme théâtrale de la *Comédie de Mont de Marsan* (1548). Ce n'est pas ici le lieu de parler de ce poème dramatique où "La Ravie de l'amour de Dieu", simple bergère, "gazouille" comme dirait Calvin en fragments de chansonnettes, puis en stances dignes de S. Jean de la Croix, une folle ferveur qu'aucune de ses partenaires ne peut comprendre, ni la Mondaine, ni la Superstitieuse, ni même la Sage lectrice de l'Evangile. L'important, pour notre propos, est que tout en revendiquant au nom de ce personnage l'esprit d'abandon, de dépouillement total et d'égarement dans la joie que réprouvait Calvin, Marguerite ne coïncide pas tout à fait avec la merveilleuse figure qu'elle a créée. V.L. Saulnier a montré qu'elle ne saurait désavouer les principes de conduite et de piété de la Sage ; si bien que le mysticisme de la Bergère est à ses yeux un appel, peut-être un vertige du pur amour, qui la sollicite et la trouble sans l'installer dans l'illuminisme[93]. Comme si la prédication de Pocque avait éveillé une inquiétude spirituelle plutôt que de communiquer une doctrine.

L'attitude de Rabelais se distingue moins aisément. Il ne s'est prononcé contre Calvin, avec la violence que l'on sait, qu'en 1552, après avoir été taxé d'impiété par celui-ci dans le *Traité des Scandales* paru en 1550 ; en 1546, rien ne l'obligeait à s'estimer solidaire des autres protégés de Marguerite, même s'il les voyait en butte à une censure aussi peu conforme au "pantagruélisme" que celles de la Sorbonne. Mais il pouvait se sentir mis en cause par le réformateur : l'un des plus graves reproches formulés par celui-ci contre les "libertins", leur méconnaissance du péché, qui selon lui leur ferait négliger toute loi et tout précepte de morale, atteignait de plein fouet l'éthique de Thélème[94]. Sur ce point, la réserve de l'auteur du *Gargantua*, qui désormais signe ses oeuvres, paraît surprenante. Avant de tenter d'en rendre compte, aggravons la difficulté en observant que le roman, paru à l'époque où Quintin et Pocque commençaient leur prédication en France, comportait d'autres traits proches des thèmes des libertins, ainsi que de leur mode d'expression favori, selon Calvin, ce "gazouillis" incohérent grâce auquel ils auraient esquivé réfutations et censures. Le passage où ils se concentrent est mis en vedette par sa place, au seuil du récit, et par la symétrie qui ne peut manquer de s'établir entre lui et l'Enigme finale : c'est le déconcertant poème des "Fanfreluches antidotées".

Alcofrybas l'a trouvé inscrit à la fin de la généalogie des géants (dont il rappelle incidemment le modèle scripturaire), comme un autre témoignage des origines, qu'il reproduit "par

---

93 Voir p. 265 de la notice citée ci-dessus (note 91).

94 On pourrait objecter que la morale des Thélémites est moins hétérodoxe qu'on ne l'a cru ; mais, sans reprendre la discussion, observons que les propos de Pocque où Calvin déchiffrait l'indifférence au péché et le laxisme moral sous ses formes les plus scandaleuses étaient, pris à la lettre et sans préjugé, beaucoup moins provocateurs que le"Fais ce que voudras" de Rabelais.

révérence de l'antiquaille". Ces "fanfreluches" (billevesées) sont "antidotées", c'est-à-dire composées par échange (*antidosis*) d'énoncés : une périphrase pour un nom, un terme pour un autre, une équivoque valant substitution... Est-il possible de remembrer le puzzle et de rétablir mentalement les expressions appropriées, pour y distinguer un "plus haut sens "[95] ? Sans l'exclure totalement, un indice de lecture marque la témérité de l'entreprise : ce sont les tout premiers vers du texte, partiellement "broutés" par les "rats et blattes" (expression où Cl. Gaignebet a reconnu à juste titre le nom de Rabelais, "antidoté" lui aussi). Car il en reste des caractères incongrus — un deux-points au premier vers, une virgule et des guillemets au second, la lettre c au quatrième — qui encombrent l'espace vacant de manière à faire obstacle à toute restitution des lettres manquantes. Nous sommes avertis : ces fragments erratiques empêcheront de reconstituer en totalité les vers mutilés, et par conséquent de déchiffrer intégralement le poème. L'obscurité prend ensuite d'autres aspects — ceux du fatras, du discours rompu et altéré par des énoncés parasitaires. Le schéma est à peine différent : le sens est rendu partiellement illisible par défaut de signes appropriés et incongruité des signifiants qui leur sont substitués ; simplement, ces derniers ne présentent pas d'agrammaticalité manifeste, et l'on entrevoit des traits de satire, des quolibets, des thèmes paillards, dans un tintamarre de débats et de conflits... Mais après la onzième strophe, dont le premier vers, d'allure prophétique, débouche encore sur un logogriphe, le texte devient intelligible, soudain, pour annoncer le règne de Dieu et de la paix :

---

[95] Claude Gaignebet (*A plus haut sens,* Maisonneuve et Larose, 1987, t. I, p. 69-75 et 413-425) a proposé une exégèse de ce type, qui met en oeuvre un complexe répertoire de données légendaires et ésotériques que peu de lecteurs, au XVIe siècle comme de nos jours, devaient pouvoir maîtriser : interprétation très séduisante, aussi difficile à réfuter qu'à démontrer. Mais nous nous en tenons ici à ce qui paraît directement lisible, au prix d'un peu d'attention, et à ce qui est dénoté par indices.

Cet an passé, cil qui est, règnera
Paisiblement avec ses bons amis.
Ni brusq ni smach lors ne dominera ;
Tout bon vouloir aura son compromis...

Et ce n'est pas la fin : seulement une période nouvelle, de liesse incertaine, en attendant que le principe de discorde soit définitivement maîtrisé et mis aux fers :

Et durera ce temps de passe-passe
Jusques à temps que Mars ait les empas.

Au terme est célébré le triomphe de l'Agneau, réconfort ("repas") promis aux fidèles vivants et morts, sans retour sur le passé désormais honni :

Puis en viendra un qui tous autres passe,
Dilitieux, plaisant, beau sans compas,
Levez vos cœurs, tendez à ce repas,
Tous mes féaux. Car tel est trépassé
Qui pour tout bien ne retournerait pas,
Tant sera lors clamé le temps passé.

— Du fatras de "fanfreluches" a surgi la prophétie millénariste. Elle proclame l'avènement de l'âge de l'Esprit (après celui du Père, régi par la Loi, et celui du Fils, médiateur de la Grâce) ; mais elle fait de cette ère d'allégresse et de liberté un "temps de passe-passe" : le temps du jeu, de la fiction capable de transfigurer la réalité en escamotant ses menaces ou en les tournant en dérision ; le temps, peut-être, des prophéties pour rire, comme celle qu'on est en train de déchiffrer avant de retomber dans la confusion à la toute dernière strophe ; comme celle qui lui correspond à la fin du volume, avec le même "Levez vos cœurs", *sursum corda,* et pour sens anagogique la transposition des ultimes épreuves en partie de jeu de paume... Langage ludique, à signification précaire ; mais si c'était précisément le "gazouillis" qui convient à l'égarement incarné plus tard par la Ravie de Marguerite, et qui déconcerte et exaspère le censeur[96] ? Ou si c'en était au contraire la caricature ? Le burlesque décousu de la majeure partie des Fanfreluches incite à choisir la seconde hypothèse ; la cohérence de l'Enigme et la portée que lui confère le commentaire eschatologique de Gargantua (dont bénéficie, répétons-le, celui de Frère Jan) suggèrent plutôt la première ; Thélème cautionne encore plus fortement celle-ci, sans équivoque, mais sans raccord patent avec les prophéties. On se trouve plus que jamais en présence d'un "sens agile" impossible à fixer, puisque l'instabilité des significations, leur brouillage ou leur dispersion, qui compromettent le message, sont en même temps indices de la spiritualité hétérodoxe dont il pourrait être porteur. Mais si de ce fait, aux yeux d'un historien scrupuleux, aucun des traits relevés n'a de valeur probante, le répertoire est bien suffisant pour faire d'Alcofrybas une cible virtuelle du pamphlet *Contre la secte fantastique et furieuse...* Il fallait au moins une réponse implicite.

De fait, Rabelais a répondu, en son propre nom, d'une façon plus complexe et plus précise qu'on ne pouvait s'y attendre. D'abord en prenant position dès la première page du livre par le dizain liminaire qui, sous la forme d'un hommage à *l'esprit* de la reine de Navarre, désigne avec une extrême insistance, comme

---

96 On aura trouvé quelque confusion peut-être, mais peu d'égarement dans les fragments de sermon de Pocque cités ci-dessus. Mais Calvin reproduit ailleurs des propos paradoxaux de Quintin, où celui-ci parle en"ravi" qui voit Dieu partout. Il s'agit d'un meurtre :"Il y avait là d'aventure quelque fidèle qui dit : Hélas ! qui a fait ce méchant coup ? Incontinent il (= Quintin) répondit en son picard : Puy que tu le veux savoir, ch'a été mi. L'autre comme tout étonné lui dit : Comment ! seriez-vous bien si lâche ? A quoi il répliqua : Che ne suis-je mie : ch'est Dieu. Comment ? dit l'autre, faut-il imputer à Dieu les crimes qu'il commande être punis ? Adonc ce pouacre dégorge plus fort son venin, disant : Oui, ch'est ti, ch'est mi, ch'est Dieu. Car che que ti ou mi faisons, ch'est Dieu qui le fait ; et che que Dieu fait, nous le faisons, pourche qu'il est en nous." (*Lib. Spir.*, XIII, col. 183-184).

nous l'avons vu, les traits qui font de celle-ci à la fois le modèle et la protectrice des "spirituels". Ensuite en se situant, avec son héros, "çà-bas" par rapport à sa céleste dédicataire, et en dissipant dans le *Tiers Livre* les équivoques sur lesquelles pouvaient se fonder tout à la fois un pseudo-mysticisme dérivé de formules millénaristes prises à la lettre, et la censure qui en dénonçait les dangers. Sommairement : en ce monde-ci, et pour les simples hommes de bonne volonté, la régénération spirituelle n'est pas acquise, mais postulée ; la spontanéité du *thelema* n'est pas une donnée immédiate, elle est obscure, au point de faire figure de problème ; la sophistique inspirée et la "folie" peuvent annoncer la joie, et la faire entrevoir, elles ne la garantissent pas ; si bien que transformer en dogmes et en attitudes définitives ces suggestions de l'enthousiasme, c'est les dénaturer. En d'autres termes, la précarité du "sens agile" n'est pas due à une stratégie retorse, d'esquives et de faux-fuyants ; elle est essentielle au message. Car celui-ci doit porter les traces de l'ivresse dont il procède pour ne pas se muer en imposture doctrinale ; et rester à l'état d'ébauche encore indécise, ou même de mirage, pour être reçu comme celui d'un homme vivant parmi les hommes, "çà-bas", avec les incertitudes du présent, les frustrations, les désirs, et à l'horizon l'espoir.

Telle pourrait être la raison pour laquelle les jeux et les sophismes réitèrent tout au long du *Tiers Livre* la déclaration de batelage inscrite dans le prologue sous la forme de la pantomime de Diogène, et dans le texte sous la forme de l'éloge des dettes. Ce n'est sans doute pas la seule : en des temps de périls et d'épreuves, comme le sont pour les évangéliques les années qui suivent le traité de Crépy et surtout le premier grand massacre perpétré en France sous prétexte d'orthodoxie religieuse, à Cabrières et Mérindol, la gaîté en réponse à l'angoisse prend des allures d'aberration ; l'apothéose bouffonne que le narrateur lui-même annonce aux futures générations de géants, avec en contrepoint la mystérieuse image du Pantagruélion à l'épreuve du feu, peut se lire comme un défi de ce genre, aussi fulgurant que les invectives adressées aux "cafards" à la fin du prologue. Mais le souci de situer les thèmes de la régénération et de la joyeuse liberté dans une dynamique de l'espérance, sans masquer l'incertitude de leurs trajets entre terre et ciel, a déterminé, plus profondément, la structure dialogique et problématique de l'ensemble du livre. Comme si les attaques de Calvin contre cette "secte" des disciples de Quintin et de Pocque dont la prédication était parente de ses fantaisies avaient incité Rabelais à se dénier un tel rôle de détenteur et propagateur de messages célestes, sans désavouer pour autant les fictions qui témoignaient en riant d'aspirations semblables, mais à l'échelle humaine, ou tout au plus gigantale.

Voilà pourquoi Panurge passe au premier plan, et avec lui l'indécision, l'inquiétude et la frustration qu'il incarne manifestement, tout en recélant leur envers joyeux, le désir qui ressurgit à chaque mécompte, au prix de quelques acrobaties dialectiques et de quelques balivernes, avant de s'épanouir dans la "folie" de l'oracle en lanternois, où se formule son choix intime, et l'aventure du voyage vers la Bouteille, où il devrait l'assumer dans l'ivresse. Et voilà pourquoi il est indissociable de son ami Pantagruel, dont les paroles véridiques et l'immuable sérénité, servant de repères, le situent dans son ordre propre, de l'aberration et d'un vouloir (*thelema*) bizarrement incertain de son objet. La configuration formée par ces deux rôles détermine la dynamique du texte, le ressort de sa philosophie bouffonne ; en témoigne le fait que, sans souci de vraisemblance, l'écrivain fait intervenir à chaque étape de l'enquête, pour proposer les consultations puis pour déchiffrer les réponses, le géant qui sait et qui a déclaré depuis le début que cette enquête est vaine, et que Panurge doit être seul "arbitre de ses propres pensées" (ch. XXIX, p. 204). Il faut qu'il soit là, toujours, pour dire les menaces du réel et la frustration (vous serez cocu, battu, dérobé) afin de donner lieu au désir qui remodèle les avis en dépit du bon sens, "au rebours", et d'en faire mesurer l'énergie déraisonnable et vitale. Supprimons mentalement Panurge, cela donnera un sermon stoïco-chrétien ; supprimons Pantagruel, cela donnera une *declamatio* délirante ; le sens s'élabore dans la tension entre les deux discours, ou à leurs éventuels points de croisement, au loin, vers les parages du libre esprit. Pour cette raison sans doute, Frère Jan, l'autre bouffon en sympathie avec Panurge son double, n'est qu'un partenaire occasionnel ; consulté, il donne les réponses les mieux assorties à la demande, sur un ton d'allégresse fraternelle qui suffirait à convaincre ; mais justement parce qu'il parle le même langage que son ami, leur duo n'a pas de suite ; Rabelais le clôt par une formule neutre : "Ici fut fin et du propos et du chemin" (ch. XXVIII, p. 203). Le vrai dialogue suppose la différence.

La différence maintenue ; ce qui exclut la disqualification de l'une des deux voix, qui rendrait le texte monologique en dépit des apparences. Pour éviter toute lecture simplificatrice de ce genre, faisons simplement confiance à la répartition des rôles dans la fiction, très explicitement indiquée par le seul titre de chapitre qui donne une information diégétique valable pour toute la suite du cycle : "Comment Pantagruel trouva Panurge, *lequel il aima toute sa vie*." On pourra en outre prendre en compte la formule du pacte qui les unit : "si vous *condescendez* à mon vouloir, dit le géant, vous ne bougerez jamais de ma compagnie, et vous et moi ferons un nouveau pair d'amitié" — très exactement le contraire d'une charité condescendante ; le mot est prononcé, mais en sens inverse : le loqueteux est prié de "condescendre" au vouloir du prince. Plutôt que de célébrer la générosité de celui-ci (ce qui revient à l'annuler, en rétablissant la supériorité et le mépris en dépit du texte qui les écarte), prenons à la lettre le rapport d'amitié réciproque, et appliquons-lui le principe du "pantagruélisme" défini dans le prologue du *Tiers Livre* et déjà cité ici (ch. II, p. 20) ; nous trouverons ainsi une transposition en termes de morale, respect et confiance mutuelle, du schéma dialogique, d'échanges sans prépondérance d'une voix sur l'autre, qui régit le texte. Ce qui ne signifie évidemment pas qu'il faudrait lire en s'abstenant de constater que les propos de l'un ou de l'autre sont erronés ou fallacieux, ou que leurs positions paraissent inconciliables ; cela reviendrait à tout neutraliser. Pour maintenir les différences et les tensions qu'elles génèrent, on prendra pour principe de lecture l'idée que les deux protagonistes constituent les pôles d'un débat dialectique entre plénitude et besoin, sérénité et désir, apathie et exigences, stabilité et déséquilibre, permanence et devenir ; et que par conséquent il n'y a pas lieu de choisir entre eux, à la manière d'un juge, condamnant l'un pour approuver l'autre : la vraie tâche est de comprendre le système de leurs confrontations. Selon cette perspective, il devient possible de saisir les erreurs et les sophismes comme entrant en composition avec les assertions plausibles pour produire un surcroît de signification, au-delà du réel où fonctionnent les critères du vrai et du faux, et des grilles axiologiques et autres par lesquelles les doctrines tentent en vain de capter le "sens agile". Et le livre devient alors une aventure intellectuelle, où se perçoit encore l'enthousiasme qui animait les "libertins spirituels", mais débarrassé des oripeaux de leur prédication, et d'autant plus vif et plus authentique.

Cela n'a rien de bien mystérieux, du reste, et ne requiert pas d'illuminations ni de délires transcendants. Il s'agit d'arriver à penser vraiment l'espoir, selon le mot sur lequel s'achève l'invitation à boire adressée dans le prologue, à y distinguer une dynamique de dépassement des repères acquis, si sûrs qu'ils soient, et des données présentes, même acceptées dans la sérénité stoïcienne. Tel paraît être le sens d'une singularité du texte. A ses compagnons en pantagruélisme le maître du banquet promet d'abord la surabondance :

> Et peur n'ayez que le vin faille, comme fit ès noces de Cana en Galilée. Autant que vous en tirerai par la dille, autant en entonnerai par le bondon. Ainsi demeurera le

> tonneau inexpuisible. Il a source vive et veine perpétuelle [...] Si quelque fois vous semble être épuisé jusques à la lie, non pourtant sera il à sec. Bon espoir y gît au fond...
> (p. 19)

Ce "bon espoir" n'est donc pas l'effet du besoin, de la pénurie, comme la soif universelle à la naissance de Pantagruel, ou même comme le désir miraculeusement satisfait des convives de Cana pour qui d'abord manquait le vin. Ici le breuvage ruisselle à profusion, on en boit "franchement, librement, hardiment, sans rien payer", on ne l'épargne pas, "tel est mon décret". Le "bon espoir" surgit lorsqu'on atteint presque au fond du tonneau inépuisable, lorsqu'on a déjà bu sans mesure, probablement lorsqu'on est ivre ; il est au-delà du plaisir et de la satiété, non pas en deçà ; comme le regain de vie et d'élan qui propulse jusqu'aux constellations les descendants de Pantagruel, après le ballet planétaire ; comme le geste audacieux qui fait passer son herbe magique par la flamme pour la "renouveler" et la soustraire à la corruption. Symétrique du désir fondé sur le doute et l'insatisfaction, qui anime Panurge, serait-ce l'espérance fondée sur la foi et l'allégresse, que voudrait propager l'écrivain ? Mais peut-être Frère Jan, entre deux parties de paume de la fin des temps, y reconnaîtrait-il l'envers et l'endroit d'une même attitude, avec pour signe distinctif une simple différence de tonalité dans le rire.

IX. EPILOGUE.

Ce *Tiers Livre* qui invite à l'espoir ne pouvait que rester en suspens, sur des préparatifs de départ. Le *Quart Livre* le prolonge, mais selon une inflexion toute différente : l'accent est mis désormais sur l'univers fictif, autant que sur les paroles qui s'y échangent tantôt entre compagnons, tantôt avec l'étranger ; et l'oracle qui devait être le but du voyage se perd à son horizon. C'était annoncé. En invitant son ami à partir avec lui, Panurge avait préfiguré la nouvelle perspective :

> Je vous ai de longtemps connu amateur de pérégrinité et désirant toujours voir et toujours apprendre. Nous verrons choses admirables, et m'en croyez.
>
> (ch. XLVII, p. 314)

Ce disant, il abdiquait pour l'avenir son rôle de meneur de jeu, sauf sans doute en ce qui aurait trait aux lanternes. Mais l'important est que le regard, devenu collectif, se tourne en tous sens désormais vers les "choses admirables" au lieu de se fixer sur les problèmes d'un personnage, présages, mariage et cocuage ; et que les propos et les actes se déterminent désormais comme des réactions aux incidents imprévisibles de la navigation et des escales. Dans ces conditions, la répartition typologique des rôles définit l'identité des actants. Au cours de la tempête, l'un jouera la panique, l'autre la témérité. Dans les parages de Chaneph et de Ganabin, le défi aux forces d'oppression s'exprimera pour l'un par une salve d'artillerie, pour l'autre par la matérialisation du mot de Cambronne, avec en prime une tirade de maître du langage pour nommer la matière en question, puis pour la transmuer en drogue inexistante. Mais quand se retrouve isolée la communauté pantagruélienne, la spécialisation devient imprécise. Une prière d'action de grâces nimbe d'une lumière quasi-eucharistique le repas par la magie duquel "Pantagruel hausse le temps" : quel est le compagnon qui la prononce ? La réponse, inattendue, se trouve au chapitre LXV.

Les significations du texte de 1546 peuvent donc être analysées sans anticipation sur la suite diégétique. La situation d'attente sur laquelle il s'interrompt vaut pour elle-même, quels que soient les événements avec lesquels elle doit plus tard s'enchaîner. Elle est juxtaposée à l'éloge du Pantagruélion qui restera sans lendemain : il ne sera plus question de cette herbe, dans le *Quart Livre*, qu'au premier chapitre, où il est simplement répété que la flotte en est munie, et au chapitre LXIII, où Panurge,toujours spécialiste des billevesées, en utilise une tige pour faire "des bulles et gargoulles" (p. 253). Pas d'autre achèvement que l'envol mythique : la textualisation de l'espoir, et le contraire d'une conclusion.

Il n'y a pas lieu non plus d'achever le présent ouvrage sur des formules données pour définitives. Ce serait ne pas respecter ce qui singularise le *Tiers Livre*, et en fait un *Livre des Questions*. Au terme d'un parcours d'ensemble de l'œuvre de Rabelais, il faudrait sans doute tenter de conclure, quels que soient les risques. Mais actuellement l'entreprise serait prématurée, faute de données suffisamment sûres au sujet du prétendu *Cinquième Livre*. Ces pages resteront donc, par choix, problématiques et précaires. Vray est que, *quia*...

— Plus n'en dis.[97]

---

97 Cf. *Quart Livre*, XXV, p. 127 variante de 1548 (mais dans l'original le dernier verbe est à la troisième personne).

INDEX

Index des notions utilisées.

N'ont été retenues que les notions spécialement requises par les particularités du texte de Rabelais, et par la méthode d'analyse appliquée ici.

Sont répertoriées, par numéros de pages, les occurrences des notions ; entre parenthèses, les pages où n'apparaissent pas les termes eux-mêmes ni leurs dérivés ; quelques occurrences de ceux-ci, qui ne contribuaient pas à préciser la notion, ont été délibérément négligées.

Index des textes analysés.

(Editions de référence :

Gargantua : R. Calder & M.A. Screech, Droz-Minard, 1970.

Pantagruel : V.L. Saulnier, Droz, 1965.

Tiers Livre : M.A. Screech, Droz, 1964.

Quart Livre : R. Marichal, Droz-Giard, 1947)

Ouvrages et articles cités :

(Sont indiquées, entre parenthèses, les pages qui se réfèrent à ces travaux)

BAKHTINE Mikhaïl, *Rabelais et la culture populaire au Moyen Age et sous la Renaissance*, Gallimard, 1970 (p. 11, 27, 34, 112, 156) — *La poétique de Dostoievski*, Seuil, 1970 (p. 16).

BEAUJOUR Michel, *Le jeu de Rabelais,* L'Herne, 1969 (p. 159).

BERRIOT François, "A propos des ch. XIII et XIV du Tiers Livre", *Réforme, Humanisme, Renaissance* (ci-après "RHR") n° 23, Déc. 1986 (p. 106).

BOYER-XAMBEU Marie-Thérèse, DELEPLACE Ghislain, GILLARD Lucien, *Monnaie privée et pouvoir des princes* , Presses du CNRS, 1986 (p. 43-45) — "Vers une typologie des régimes monétaires", *Monnaie métallique et monnaie bancaire,* L'Harmattan, 1990 (p. 45).

CAVE Terence, "Or donné par don, Echanges matériels et métaphorique chez Rabelais", *Or, monnaie, échange dans la culture de la Renaissance*, RHR, Publ. de l'Univ. de Saint-Etienne, 1994 (p. 38, 50) — "L'économie de Panurge : moutons à la grande laine", RHR n° 37, Déc. 1993 (p. 57) — "Imagining scepticism in the XVIth century", *Journal of romance studies*, Oxford, I/1992 (p. 92).

CHARPENTIER Françoise, "Un royaume qui perdure sans femmes", *Rabelais's incomparable book*, rec. R. La

Charité, French Forum pub., Lexington, 1984, p. 195-209 (p. 96, 148-149).

CLAUDE Catherine, *Rabelais*, Editeurs Français Réunis, 1972 (p. 84).

DAGRON Tristan, "Giordano Bruno et la théorie des liens", *Les Etudes Philosophiques*, 4, 1994 (p. 38).

DEFAUX Gérard, *Pantagruel et les sophistes*, Nijhoff, La Haye 1973 (p. 126).

DEMERSON Guy, "L'éloge panurgien des dettes", *Or, monnaie, échanges...*,RHR, Saint-Etienne, 1991, repris dans *Humanisme et facétie*, Paradigme, 1994 (p. 38) — "Le plurilinguisme chez Rabelais", RHR 1981, repris dans *Humanisme et facétie* (p. 127).

DEMONET Marie-Luce, *Les voix du signe*, Champion, 1992 (p. 157).

DUVAL Edwin M., "Interpretation and the 'Doctrine absconce' of Rabelais's Prologue of *Gargantua*", *Etudes Rabelaisiennes* XVIII, Droz, 1985 (p. 8) — "Panurge, perplexity, and the ironic design of the *Tiers Livre*", *Renaissance Quarterly*, XXV 3, 1982 (p. 65-67) — "The Judge Bridoye, Pantagruelism, and the unity of Rabelais's Tiers Livre", *Etudes Rabelaisiennes XVII*, Droz, 1983 (p. 73 et 133) — *The redemptive design of the Pantagruel*, Yale University Press, 1991 (p. 157).

FICIN Marsile, *Commentarium in convivium Platonis de Amore*, Belles Lettres, 1956 (p. 40).

FRAUTSCHI R., "The Enigme en prophetie and the problem of authorship", *French Studies*, 1963 (p. 17).

GAIGNEBET Claude, *A plus haut sens*, Maisonneuve et Larose, 1987 (p. 173).

GLUCKSMANN André, *Les Maîtres-Penseurs*, Grasset, 1977 (p. 64, 87).

GREENE Thomas M., "The hair of the dog that bit you : Rabelais's thirst", *Rabelais's incomparable book*, French Forum pub., 1984 (repris dans *The vulnerable text*, Columbia Univ. Press, 1986) (p. 143).

GUEUDET Guy (p. 13).

HOFFMANN George, "Neither one nor the other and both together : how scholastic logic can help explain Panurge's marriage question", *Etudes Rabelaisiennes XXV*, Droz, 1991 (p. 90).

JEANNERET Michel, "Les paroles dégelées", *Littérature* n° 17, févr. 1975 (p. 9) — "Polyphonie de Rabelais", *Littérature* n° 55, oct. 1984 (p. 156) — Ces articles ont été repris dans *Le défi des signes*, Paradigme, Orléans, 1994.

LA GARANDERIE Marie-Madeleine de -, "Quelques pages curieuses de Scaliger", *Le Songe à la Renaissance*, RHR, Publ. de l'Univ. de Saint-Etienne, 1990 (p. 108).

LANGER Ullrich, *Perfect Friendship*, Droz, 1994 (p. 123)

MARICHAL Robert, "L'attitude de Rabelais devant le néoplatonisme et l'italianisme", *François Rabelais*, Droz, 1953 (p. 40).

MENAGER Daniel, "La stratégie des titres dans le *Gargantua* et le *Pantagruel*", *Cahiers Textuel 34/44*, Univ. de Paris VII, 1989 (p. 25) — "La politique du don", *Journal of Medieval and Renaissance Studies*, 1978 (p. 42).

MESNARD Jean, "Sur le terme et la notion de philautie", *Mélanges à la mémoire de V.L. Saulnier*, Droz, 1984 (p. 62).

NAKAM Géralde, "Rire, angoisse, illusion", *Europe* n° 757, mai 1992 (p. 156).

NYKROG Per, "Thélème, Panurge et la Dive Bouteille", *Revue d'Histoire Littéraire de la France*, Juillet-Septembre 1956 (p. 163-164).

PERRIER Simone, "La problématique du songe à la Renaissance : la norme et les marges", *Le Songe à la Renaissance*, RHR, Saint-Etienne 1990 (p. 7).

POLIZZI Gilles, "Thélème ou l'éloge du don : le texte rabelaisien à la lumière de l'*Hypnerotomachia Poliphili*", RHR n° 27, Déc. 1987 (p. 164).

PONS Emile, "Les jargons de Panurge", *Revue de Littérature Comparée*, 1931 (p. 128).

POUILLOUX Jean-Yves, "Questions de lecture", Cahiers *Textuel 34/44*, Univ. de Paris VII, 1989 (p. 21 et 28-29).

RAWLES S. & SCREECH M.A., *A new Rabelaisian Bibliography*, Droz, 1987 (p. 35).

RIGOLOT François, *Les langages de Rabelais*, Droz, 1972 (p. 22).

SAULNIER Verdun-Léon, *Le Dessein de Rabelais,* 1957, rééd. dans Rabelais, SEDES-CDU, 1983 (p. 36, 41, 46, 62, 74, 86, 96) — "L'énigme du Pantagruélion", *Etudes rabelaisiennes I*, Droz, 1956 (p. 138) — Notice sur la *Comédie de Mont de Marsan*, M. de Navarre, *Théâtre profane*, Droz, 1946 (p. 167 et 171).

SCREECH Michaël M., *L'évangélisme de Rabelais*, Droz, 1959 (p. 33, 112) — *Rabelais*, Gallimard, 1992 (p. 16, 53, 59, 62, 74, 91, 138).

VINCENT Pierre (p. 80).

TABLE DES MATIÈRES